周禮

卷贰（共叁卷）

【原文】

胥師

胥師各掌其次之政令，而平其貨賄，憲刑禁焉。察其詐僞、飾行、儥慝者而誅罰之。聽其小治、小訟而斷之。

【译文】

胥师的职责是各自掌管本次所辖二十肆的政令，整顿肆中的货物，不使其名实相紊；将市中的刑罚和禁令张榜公布。检查有无欺诈作伪、以次充好、出售不合格商品的行为，一经发现，即根据情节，或者施以市刑，或者处以罚金。处理小的事情，审理小的案件，可以径自裁决。

【原文】

賈師

賈師各掌其次之貨賄之治，辨其物而均平之，展其成而奠其賈，然後令市。凡天患，禁貴儥者，使有恒賈。四時之珍異亦如之。凡國之賣儥，各帥其屬而嗣掌其月。凡師役、會同亦如之。

【译文】

贾师的职责是各自掌管对本次所辖二十肆货物的管理，分辨其辖区货物的种类和等级而使其均平，展示准备出售的货物，确定其价格，然后才下令进行交易。凡是遇到天灾，禁止乘机哄抬物价，要维持正常价格。对于四时的珍异食物，也是这样。凡是公家出卖剩余物品，贾师要率领所属的肆长轮流按月值班主持其事。遇到师役、会同之事，也是这样。

【原文】

司虣

司虣掌憲市之禁令，禁其鬭嚻者與其虣亂者，出入相陵犯者，以屬遊飲食於市者。若不可禁，則搏而戮之。

【译文】

司暴的职责是掌管张榜公布市场的禁令，禁止在市场上斗殴与大吵大闹，禁止使用暴力扰乱市场秩序，禁止在出进时侵犯他人，禁止在市场上以聚众的方式闲逛吃喝。如果违背禁令，就将其抓起来加以处罚。

【原文】

司稽

司稽掌巡市，而察其犯禁者與其不物者而搏之。掌執市之盜賊，以徇，且刑之。

【译文】

司稽的职责是掌管巡查市场，察访那些违犯禁令和那些着奇装异服、操持特殊的人，并加以

逮捕。还掌管捉拿市场上的盗贼，并根据情节，或将其游街示众，或加以责打。

【原文】

胥

胥各掌其所治之政，執鞭度而巡其前，掌其坐作、出入之禁令，襲其不正者。凡有罪者，撻戮而罰之。

【译文】

胥的职责是各自掌管自己所辖二肆的事务，每逢开市时，手执鞭棍在肆门前巡视。掌管辖区内对流动贩卖和不按时入市交易者的禁令，掩捕那些不守禁令的人。凡有犯罪的，要施以挞罚，并处以罚金。

【原文】

肆長

肆長各掌其肆之政令，陳其貨賄，名相近者相遠也，實相近者相爾也，而平正之。斂其總布，掌其戒禁。

【译文】

肆长的职责是各自掌管所辖肆的政令。肆中货物的陈列，要使名称一样而质量和价钱大不相同的货物离得远些，而把质量和价钱差不多的货物摆放在一起，以此原则进行调整。负责征收本肆的货物税，掌管本肆的戒禁。

【原文】

泉府

泉府掌以市之徵布，斂市之不售、貨之滯於民用者，以其賈買之，物楬而書之，以待不時而買者。買者各從其抵：都鄙從其主，國人、郊人從其有司，然後予之。凡賒者，祭祀無過旬日，喪紀無過三月。凡民之貸者，與其有司辨而授之，以國服爲之息。凡國之財用，取具焉。歲終，則會其出入而納其餘。

【译文】

泉府的职责是掌管利用从市场上征收来的税金收购市场上民不急用的滞销货物，以其原价收购，然后给此货物加上标签，以待急用者前来购买。急用者前来购买，必须携带其住地所在的地方官员所开的证明：家住都鄙的，必须持有当地邑宰的证明；家住王城、六乡、六遂和公邑的，必须持有当地基层官员的证明，然后才能以原价卖给他们。凡赊购此类滞销货物者，如果是属于祭祀用品，付款的时间不能超过十天；如果是丧葬用品，付款的时间不能超过三个月。凡百姓中有想借贷税金或货物以从事经营者，就要会同贷者所在地的地方官员验明其身份、借贷

数量、偿贷能力，然后才把贷款或货物发给他们，并按照国家征收农田税的税率征收利息。凡国家办事有需要用钱的地方，就向泉府支取。每到年终，就要统计一下收支情况，将结余的税金和物资移交给职币。

司門

【原文】

司門掌授管鍵，以啓閉國門。幾出入不物者，正其貨賄。凡財物犯禁者舉之，以其財養死政之老與其孤。祭祀之牛牲繫焉，監門養之。凡歲時之門，受其餘。凡四方之賓客造焉，則以告。

【译文】

司门的职责是掌管城门钥匙和锁的发放及收回，从而使王城城门早上开启晚上关闭。盘查那些着奇装异服、操持特殊的进出者，向进出城门的货物征税，凡属于违犯禁令的财物，一经发现，即予没收，此类没收的财物，用以赡养为国捐躯者的父母及其子女。用于祭祀的牛系在那里，让门卒饲养它。凡一年四季举行祭门活动没有用完的钱财，司门负责接受并妥为保管。四方的宾客来到，就要赶快向天子报告。

司關

【原文】

司關掌國貨之節，以聯門、市。司貨賄之出入者，掌其治禁與其征廛。凡貨不出於關者，舉其貨，罰其人。凡所達貨賄者，則以節、傳出之。國凶札，則無關門之徵，猶幾。凡四方之賓客敂關，則爲之告。有外内之送令，則以節、傳出内之。

【译文】

司关的职责是掌管按验货物出入国境的证明，因此，就与司门、司市在工作上发生了联系。负责检查出关入关的货物，掌管有关这方面的诉讼和刑禁，以及征收货物税、货物存放税。凡携带货物不报关而私自进出者，就将其货物没收，并对货主施以挞罚。凡是从民间购货而报关出境的商人，就由司关发给货物出境证和人员通行证放行。如果国家发生了饥荒或疾疫流行，关门就停止征税，但对人员的盘查仍然照常进行。凡四方诸侯因朝觐而来到关前求见，就要一边将客人安顿在招待所，一边派人迅速报告天子。如有境内臣民与境外臣民由于一般性事务而需要进进出出，就由司关发给旌节和通行证放行。

掌節

【原文】

掌節掌守邦節而辨其用，以輔王命。守邦國者用玉節，守都鄙者用角節。凡邦國之使節，山國用虎節，土國用人節，澤國用龍節，皆金也，以英

蕩輔之。門關用符節，貨賄用璽節，道路用旌節，皆有期以反節。凡通達於天下者，必有節，以傳輔之。無節者，有幾則不達。

【译文】

掌节的职责是掌管把天子所用的各种玉节藏好，辨别其不同用途，在需要时授予传达王命的使者，以辅助表明天子命令的无可置疑。镇守邦国的诸侯，在其辖境内传达命令时使用玉节；镇守都鄙的公卿大夫和王室子弟，在其采邑内传达命令时使用角节。凡诸侯国派遣卿大夫出使时沿途所用之节：山多的国家使用虎节，平地多的国家使用人节，水多的国家使用龙节，均用铜制造，并以刻有其使命文字的竹符作为辅助性的证明。进出王城城门和边境上的关门要使用符节，转运货物要使用玺节，道路行走要使用旌节。上述符节、玺节、旌节都有使用的期限，到期就要归还注销。总而言之，只要你想出门远行，到天下的任何一个地方，就不但必须持有节，而且还要以通行证作为辅助性的证明。如果没有节，途中一经查出，就要被抓进监牢。

【原文】

遂人

遂人掌邦之野。以土地之圖經田野，造縣鄙形體之灋。五家爲鄰，五鄰爲里，四里爲酇，五酇爲鄙，五鄙爲縣，五縣爲遂，皆有地域，溝樹之。使各掌其政令、刑、禁，以歲時稽其人民，而授之田野，簡其兵器，教之稼穡。

凡治野：以下劑致甿，以田里安甿，以樂昏擾甿，以土宜教甿稼穡，以興耡利甿，以時器勸甿，以疆予任甿，以土均平政。辨其野之土，上地、中地、下地，以頒田里。上地，夫一廛，田百畮，萊五十畮，餘夫亦如之；中地，夫一廛，田百畮，萊百畮，餘夫亦如之；下地，夫一廛，田百畮，萊二百畮，餘夫亦如之。凡治野，夫間有遂，遂上有徑；十夫有溝，溝上有畛；百夫有洫，洫上有涂；千夫有澮，澮上有道；萬夫有川，川上有路，以達於畿。以歲時登其夫家之衆寡，及其六畜、車輦，辨其老幼、廢疾與其施舍者，以頒職作事，以令貢賦，以令師田，以起政役。若起野役，則令各帥其所治之民而至，以遂之大旗致之，其不用命者誅之。凡國祭祀，共野牲，令野職。凡賓客，令修野道而委積。大喪，帥六遂之役而致之，掌其政令。及葬，帥而屬六綍；及窆，陳役。凡事致野役，而師、田作野民，帥而至，掌其政、治、禁令。

【译文】

遂人的职责是掌管畿内的野地。按照土地的地图擘画田野的分界，设立县鄙等行政区划。五家为一邻，五邻为一里，四里为一酂，五酂为一鄙，五鄙为一遂。邻、里、酂、县、鄙、遂，都有各自的地域，其疆界上都要挖沟植树。使各级地方长官各自掌管其辖区内的政令刑禁，每年按时

稽核其辖区内的男女人口，以便分给他们田地，并检阅他们的兵器，教导他们耕种。凡治理野地的民众，要用最低限度的劳役招徕农民，用分给农田、宅地的办法使农民安居乐业，用促成婚姻的办法使农民和顺，用因地制宜的办法教导农民耕种，用兴办耡粟的办法给农民谋利，用及时铸造农具的办法鼓励农民，用对于特别强壮有力的农民可以超额分给田地的办法使用农民，用土均的办法平均税收。区别野地的土地，将其分为上等土地、中等土地、下等土地，用以颁授田地和宅地。上等土地，每家的主要劳动力授宅地一处，田百亩，休耕之地五十亩，家中其余的劳动力也按照一定的比例配给田地；中等土地，每家的主要劳动力授宅地一处，田百亩，休耕之地百亩，家中其余的劳动力也按照一定的比例配给田地；下等土地，每家的主要劳动力授宅地一处，田百亩，休耕之地二百亩，家中其余的劳动力也按照一定的比例配给田地。凡治理野地之田，每两家的田间有遂，遂旁边有径；每两邻的田间有沟，沟旁边有畛；每一酂的田间有洫，洫旁边有涂；每两鄙的田间有浍，浍旁边有道；每四县的田间有川，川旁边有路，四通八达。每年按时核定男女人口的准确数目以及各种牲畜、车辆的数目，查明其中的老幼、废疾以及可以免除徭役的，以便颁布各种职业让民从事，以便命令他们交纳贡赋，以便命令他们参加征伐和畋猎，以便征调劳工。如果征调野地的民众参加征伐、畋猎、劳役，则令县正以下的地方长官各自率领其辖地被征调的劳工前来，以遂的大旗作为人员集中地的标志，如有不服从命令者，给予诛罚。国家凡有祭祀，就命令遂师供给野地豢养的牲畜，命令委人供给野地生产的薪炭等物。遇到诸侯和蕃国来朝，就命令有关部门整治郊野的道路，并沿途储聚粮米柴草，准备招待客人。遇到国王或王后去世，就率领从六遂征调上来的劳工前往大司徒那里报到，负责打墓等事，并负责对这些劳工的管理；到了出葬的时候，就率领劳工们手执六绋，根据需要上下左右地移动棺木；到了下棺的时候，就让执绋的劳工把队排好，背碑负引，以便徐徐下棺入穴。凡国家有事，招致征伐、畋猎和大规模劳作，就要征调野地的民众，而遂人就要率领被征调的民众前往指定地点集中，并掌管他们的政治禁令。

【原文】

遂師

遂師各掌其遂之政令、戒禁，以時登其夫家之衆寡，六畜、車輦，辨其施舍與其可任者。經、牧其田野，辨其可食者，週知其數而任之，以徵財徵。作役事則聽其治訟。巡其稼穡而移用其民，以救其時事。凡國祭祀，審其誓戒，共其野牲。入野職、野賦於玉府。賓客，則巡其道修，庀其委積。大喪，使帥其屬以幄、帟先，道野役；及窆，抱磿，共丘籠及蜃車之役。軍旅、田獵，平野民，掌其禁令，比叙其事而賞罰。

【译文】

遂师的职责是各自掌管所辖之遂的政令戒禁。每年按时核定男女人口的准确数目以及各

种牲畜、各种车辆的准确数目，查明其中的哪些人是可以免除徭役的，哪些人是可以胜任干活服役的。划分田野的界线，在公邑实行井田制，查明哪些是可耕之地，掌握其确切数字，从而使人民都有相当的职业，以便征收赋税。如果征召民众参见征伐、畋猎和大规模的劳役，就负责处理他们的事情和纠纷。巡视人民的耕作情况，农忙时节，如果有的人家劳力不足，就让劳力有余的人家前去帮助，以解燃眉之急。凡国家有祭祀活动，要告诫遂民应注意的事项，供给野地豢养的牲畜。把从野地征收上来的贡品、赋税加以挑选，将其中适合天子日常生活需要者转交玉府。遇到诸侯或蕃国来朝，就要巡视辖区道路的整修情况，置备招待客人的粮米柴草。如果天子、王后或太子去世，就要率领其部下在灵柩到来之前把搭设灵棚所用的幄帟送到墓地，并带领野地的徒役前往墓地；等到下棺入圹的时候，就手持登记执绋徒役的花名册检查人数，让徒役们从事打墓挖穴、聚土成坟以及执绋把灵柩从灵车上搬上搬下等工作。遇到军旅、畋猎之事，要把从野地征调上来的民兵队伍整顿得整整齐齐，掌管他们的禁令，校比次叙他们的表现而进行赏罚。

【原文】

遂大夫

遂大夫各掌其遂之政令，以歲時稽其夫家之衆寡、六畜、田野，辨其可任者與其可施舍者，以教稼穡，以稽功事，掌其政令戒禁，聽其治訟。令爲邑者，歲終則會政致事。正歲，簡稼器，修稼政。三歲大比，則帥其吏而興甿，明其有功者，屬其地治者。凡爲邑者，以四達戒其功事，而誅賞廢興之。

【译文】

遂大夫的职责是各自掌管其遂之政令。每年按时核定本遂男女人口的增减情况，核定六畜、田地的数目，查明其中的哪些人可以干活服役及哪些人可以免除徭役，以便教导他们耕种，以便考察他们的劳动情况，掌管本遂的政令、戒禁，处理本遂的事务与纠纷。每到年终，就命令本遂的各级官吏总结政绩，写出汇报。每年正月，要检阅各种农具是否需要修理和补充，采取积极备耕的种种措施。每隔三年举行大比的时候，就要率领所属各级官吏从百姓中选拔出德行优异者和才能卓越者，表彰官吏之有功者，并将其余的官吏集中起来诫以恪尽职守。凡是本遂的各级官吏，对他们的工作都要以四条通行的标准加以诫饬，并据此来决定对他们的奖励升迁或处分罢免。

【原文】

縣正

縣正各掌其縣之政令、徵、比，以頒田里，以分職事，掌其治訟，趨其稼事而賞罰之。若將用野民師田、行役、移執事，則帥而至，治其政令。既役，則稽功會事而誅賞。

【译文】

县正的职责是各自掌管本县的政教、号令、征调、案比，向百姓颁授田地和宅地，使他们都能得到一定的职业，掌管处理本县的事务和诉讼，督促百姓努力耕作，并根据其表现进行赏罚。如果国家将要征用野地的民众参与出师征伐、畋猎、巡狩、劳役以及支援之事，就率领被征调的民众前去报到，并掌管治理他们的政令。上述役事结束之后，则考核其功劳之大小，总结其做事的好坏，而后进行奖惩。

鄙師

【原文】

鄙師各掌其鄙之政令、祭祀。凡作民，則掌其戒令。以時數其衆庶，而察其媺惡而誅賞。歲終，則會其鄙之政而致事。

【译文】

鄙师的职责是各自掌管本鄙的政令和祭祀。凡是国家征调本鄙民众参与征伐、畋猎、巡狩、劳役，则掌管管理他们的戒令。每年按时调查统计本鄙的人口，察访他们的表现并给予赏罚。每到年终，就要总结本鄙的工作，并向上级汇报。

酇長

【原文】

酇長各掌其酇之政令，以時校登其夫家，比其衆寡，以治其喪紀、祭祀之事。若作其民而用之，則以旗鼓兵革帥而至。若歲時簡器，與有司數之。凡歲時之戒令，皆聽之，趨其耕耨，稽其女功。

【译文】

酇长的职责是各自掌管本酇的政令，每年按时考校核定本酇的男女人数，统计其准确数目，管理本酇民众的丧事、祭祀。如果国家征调本酇的民众去从事征伐、畋猎、巡狩、劳役，就要检查他们应携带的旗鼓兵甲是否备齐，而后率领他们前去报到。如果每年按时检阅农具、兵器，就与遂大夫一道进行统计。凡上级岁时颁发的戒令，都要遵照执行；督促百姓们努力耕作，考查妇女们缫丝绩麻纺线织布的成绩。

里宰

【原文】

里宰掌比其邑之衆寡，與其六畜、兵器，治其政令。以歲時合耦於耡，以治稼穡，趨其耕耨，行其秩叙，以待有司之政令，而徵斂其財賦。

【译文】

里宰的职责是掌管每年按时调查统计本里人口以及六畜、兵器的数量，掌管治理本里的政令。每年按时在里宰办公处搭配合耦的伙伴，处理农事，督促百姓努力耕作，安排好合耦互相帮

助的次第，等到遂师征收赋税的政令下来，就动手征收本里的赋税。

鄰長

【原文】

鄰長掌相糾相受。凡邑中之政相贊。徙於他邑，則從而授之。

【译文】

邻长的职责是掌管本邻五家的互相纠察检举和遇到事情时互相托付。凡属邑中的政令，都要赞助施行。如果邻中住户有迁往他邑者，就要随同一道前往，亲手交给当地的官吏。

旅師

【原文】

旅師掌聚野之耡粟、屋粟、閑粟而用之：以質劑致民，平頒其興積，施其惠，散其利，而均其政令。凡用粟，春頒而秋斂之。凡新甿之治皆聽之，使無徵役，以地之媺惡爲之等。

【译文】

旅师的职责是掌管聚储野地的耡粟、屋粟、闲粟而适当地运用它们：向百姓征收、发放耡粟时，都要用质剂作为凭证；要公平地颁发上述三种聚粟；救灾度荒，使人民得到它的好处；贷而无息，使人民分享它的利益；要公平地实施有关政令。凡是刚从外地迁入的人民有所请求，都要予以处理，在一定的时期内免除他们的徭役，按照土地的好坏等级和迁入者家庭人口的多少授予他们土地。

稍人

【原文】

稍人掌令丘乘之政令。若有會同、師田、行役之事，則以縣師之法，作其同徒、輂輦，帥而以至，治其政令，以聽於司馬。大喪，帥蜃車與其役以至，掌其政令，以聽於司徒。

【译文】

稍人的职责是掌管公邑出车徒的政令。如果国家有会同、师田、行役这类事情，就要按照上级县师下达的命令去征调公邑的甲士、步卒、徒役和各种车辆，并且率领这些应征的车徒到指定地点报到，负责对应征车徒的管理，听从大司马的指挥。遇到天子、王后、太子去世，就率领徒役将蜃车送到遂师那里，负责徒役的管理，并听命于大司徒的指挥。

委人

【原文】

委人掌斂野之賦，斂薪芻，凡疏材、木材，凡畜聚之物，以稍聚待賓客，以甸聚待羇旅，凡其餘聚以待頒賜。以式灋共祭祀之薪蒸、木材，賓客共

其芻薪，喪紀共其薪蒸、木材。軍旅共其委積薪芻凡疏材，共野委、兵器，與其野囿財用。凡軍旅之賓客，館焉。

【译文】

委人的职责是掌管征收野地的贡赋：征收烧柴和草料，凡是草木的果实、木材，凡是可以冬储的瓜果蔬菜，都在征收之列。从稍地征收的聚储物品，用以招待过往的国宾；从甸地征收的聚储物品，用以救济长期寄居他乡的人。凡是从县地、都地征收的聚储物品，统统用于天子的颁赐。按照惯例供给祭祀所需的薪蒸木材；国家有丧事，则供给所需的薪蒸木材；国家有军旅之事，则于沿途特设临时储备站，以供给所需的烧柴、草料和一切草木果实。供给野地路旁大大小小储备站、储备点所需的兵器；供给设在野地的苑囿为建造篱笆护墙所需的材料。凡诸侯派兵协助天子征讨者，可以将他们安置在路旁的客舍、宾馆里。

土均

【原文】

土均掌平土地之政，以均地守，以均地事，以均地貢，以和邦國、都鄙之政令、刑、禁與其施舍，禮俗、喪紀、祭祀，皆以地媺惡爲輕重之灋而行之，掌其禁令。

【译文】

土均的职责是掌管平均邦国都鄙土地的征税，即平均衡虞之类和农圃之类从业者的税收，平均邦国都鄙的进贡，掌管宣布邦国都鄙的政令刑禁以及对邦国都鄙贡赋、田役的减免。对于邦国都鄙的礼俗、丧事、祭祀，都按照其土地的好坏制定或轻或重的法令而令其遵守，掌管其禁令。

草人

【原文】

草人掌土化之灋以物地，相其宜而爲之種。凡糞種，騂剛用牛，赤緹用羊，墳壤用麋，渴澤用鹿，鹹瀉用貆，勃壤用狐，埴壚用豕，彊檃用蕡，輕爂用犬。

【译文】

草人的职责是掌管改造土壤的方法，根据土壤的形状、颜色决定如何施肥，因地制宜地栽培农作物。凡向土壤中施肥以种植作物时，其方法是：如果是赤色坚硬的土壤，就撒上牛的骨灰；如果是浅红色但不坚硬的土壤，就撒上羊的骨灰；如果是肥沃的土壤，就撒上麋的骨灰；如果是湿润的泥土，就撒上鹿的骨灰；如果是盐碱地，就撒上貆的骨灰；如果是质地松散的土壤，就撒上狐的骨灰；如果是黑色的黏土，就撒上猪的骨灰；如果是坚硬成块的土壤，

就撒上麻子饼；如果是容易粉碎的白色土壤，就撒上狗的骨灰。

稻人

【原文】

稻人掌稼下地。以豬畜水，以防止水，以溝蕩水，以遂均水，以列舍水，以澮寫水，以涉揚其芟作田。凡稼澤，夏以水殄草而芟荑之。澤草所生，種之芒種。旱暵共其雩斂。喪紀共其葦事。

【译文】

稻人的职责是掌管在泽地种植谷物。用畜水池畜积田间多余的水，用堤防阻挡外部来水；对于田间的存水，用宽深都是四尺的沟排水，用宽深都是二尺的遂分导水，用星罗棋布的田间畦沟放水，用宽深都是一丈六尺的浍泄水；然后蹚着水举起镰刀除去杂草，整治土地。凡是在泽地种植作物，每到盛夏，利用水的高温消灭杂草；如果这样还未能把杂草消灭干净，到秋天再芟除一次。凡是能够生草的泽地，都能够种植稻麦。遇到干旱，负责征收祈雨祭祀所需的费用。遇到丧事，供给所需的芦苇。

土訓

【原文】

土訓掌道地圖，以詔地事。道地慝，以辨地物而原其生，以詔地求。王巡守，則夾王車。

【译文】

土训的职责是掌管给天子讲说天下九州的地图，告诉他各地的地形和物产，使天子可以依照地图索要贡献之物。还要给天子讲说各地的害人的恶物，辨别某种特产产于何地和产于什么季节，告诉天子，以便天子能向该地正确提出需求。如果天子出外巡狩，则随从以备顾问。

誦訓

【原文】

誦訓，掌道方志，以詔觀事。掌道方慝，以詔辟忌，以知地俗。王巡守，則夾王車。

【译文】

诵训的职责是掌管向天子讲说四方史书上记载的久远之事，以告天子，使他能够博古。还掌管向天子讲说四方有哪些为人所忌讳、所厌恶的话语，以告天子，使他能够避开忌讳，使他能够知道当地的风俗习惯。如果天子出外巡狩，则随从以备顾问。

山虞

【原文】

山虞，掌山林之政令，物爲之厲而爲之守禁。仲冬斬陽木，仲夏斬陰

木。凡服耜，斬季材，以時入之。令萬民時斬材，有期日。凡邦工入山林而掄材，不禁。春秋之斬木不入禁。凡竊木者，有刑罰。若祭山林，則爲主，而修除，且蹕。若大田獵，則萊山田之野。及弊田，植虞旗於中，致禽而珥焉。

【译文】

山虞的职责是掌管山林之政令，山内的每种物产，都要给它划定区域并加上藩篱，为以砍伐林木为生的山民制定禁令。仲冬时可以砍伐生长在山南的树木，仲夏时可以砍伐生长在山北的树木。凡是用来制造车厢和耒的，可以砍伐幼小的树木，并按时将木材送到工官车人那里。命令万民按时进山砍伐林木，进山出山都有一定的日期。凡是国家的伐木工人为了国家需要而进山选择树木砍伐，那就不管什么季节，都不禁止。如果百姓要在春秋两季砍伐树木，只允许砍伐平地的树木，不允许进入山内的禁区砍伐。有盗伐树木者，则加以刑罚。如果祭祀山林，就要作为主祭，整治好道路、祭场、祭坛，并且禁止闲杂人等通行。如果天子亲自参加畋猎，则芟除围场内外需要芟除的杂草；　等到畋猎结束，就在猎场中竖起画有熊虎的山虞之旗，让人们把猎获的禽兽都送到旗下，但要割下禽兽的左耳。

林衡

【原文】

林衡掌巡林麓之禁令而平其守，以時計林麓而賞罰之。若斬木材，則受灋於山虞，而掌其政令。

【译文】

林衡的职责是掌管巡视林麓的禁令，平均该地民众守护林麓的任务，按时统计他们守护林麓的成绩，该赏者赏，该罚者罚。如果砍伐木材，则应该遵守山虞下达的法度，而掌管其政令。

川衡

【原文】

川衡掌巡川澤之禁令，而平其守，以時舍其守，犯禁者執而誅罰之。祭祀、賓客，共川奠。

【译文】

川衡的职责是掌管巡视川泽的禁令，平均该地民众守护川泽的任务。按时巡视守护者，并在守护者的宿舍中对他们加以申饬；对于违犯禁令的人，要抓起来并加以处罚。遇到祭祀和招待宾客，就负责提供河中的美味。

澤虞

【原文】

澤虞掌國澤之政令，爲之厲禁，使其地之人守其財物，以時入之於玉

府，頒其餘於萬民。凡祭祀、賓客，共澤物之奠。喪紀，共其葦蒲之事。若大田獵，則萊澤野。及弊田，植虞旌以屬禽。

【译文】

泽虞的职责是掌管国有泽薮的政令，在泽薮的四周设置藩篱并制定禁令，使当地的人民守护泽薮中的物产，首先将其中的皮角珠贝等物作为赋税按时送交玉府，然后把剩下的东西分给百姓。凡是祭祀和招待宾客，就负责提供泽薮出产的美味。遇到丧事，负责提供需要的芦苇和蒲草。如果天子亲自参加畋猎，则芟除泽薮中围场内外需要芟除的杂草；等到畋猎结束，就在猎场中竖起泽虞之旌，让人们把猎获的禽兽都送到旗下，但要割下禽兽的左耳。

迹　人

【原文】

迹人掌邦田之地政，爲之厲禁而守之，凡田獵者受令焉。禁麛卵者與其毒矢射者。

【译文】

迹人的职责是掌管畿内公私畋猎之地的政令，在这些猎场的四周设置藩篱，制定规章制度，使当地的百姓守护着。凡是畋猎者，都要接受迹人的命令。禁止捕杀幼小的野兽，禁止掏取鸟卵，禁止用涂有毒药的箭头射杀禽兽。

卝　人

【原文】

卝人掌金玉錫石之地，而爲之厲禁以守之。若以時取之，則物其地，圖而授之。巡其禁令。

【译文】

矿人的职责是掌管金玉锡石的产地，在产地四周设置藩篱，制定规章制度，让当地的百姓看守着。如果要按时开采，则勘测其地，绘成地图，授予开采者。

角　人

【原文】

角人掌以時徵齒角凡骨物於山澤之農，以當邦賦之政令。以度量受之，以共財用。

【译文】

角人的职责是掌管按时向山泽之农征收动物的齿角和一切有用的骨制品，用来抵作依法应交的贡赋。在征收时，必须计量这些东西的长短和容积才能接受，以供给有关部门使用。

羽　人

【原文】

羽人掌以時徵羽翮之政於山澤之農，以當邦賦之政令。凡受羽，十羽爲審，百羽爲摶，十摶爲縛。

【译文】

羽人的职责是掌管按时向山泽之农征收羽翮，用来抵作依法应交的贡赋。接受羽毛的计算标准是：十根羽毛为一审，一百根羽毛为一抟，十抟羽毛为一缚。

【原文】

掌葛

掌葛掌以時徵絺綌之材於山農，凡葛徵，徵草貢之材於澤農，以當邦賦之政令，以權度受之。

【译文】

掌葛的职责是掌管按时向山地之农征收织成细葛布、粗葛布的材料，以及其他与葛类似的蔓草，按时向泽地之农征收苘麻、苎麻之类的纺织材料，用来抵作依法应交的贡赋。在接受上述贡赋时，要计量一下它的轻重和长短。

【原文】

掌染草

掌染草，掌以春秋斂染草之物，以權量受之，以待時而頒之。

【译文】

掌染草的职责是掌管按照春秋两季征收可以用作染料的草类植物，征收时要称其重量，计其多少，以待秋天需要时颁发给染人。

【原文】

掌炭

掌炭，掌灰物炭物之徵令，以時入之，以權量受之，以共邦之用，凡炭灰之事。

【译文】

掌炭的职责是掌管灰物、炭物的征收法令，按时征收。征收时，要称其重量，计其多少，在国家须用灰炭时保障供给。

【原文】

掌荼

掌荼，掌以時聚荼，以共喪事。徵野疏材之物，以待邦事，凡畜聚之物。

【译文】

掌荼的职责是掌管按时征收荼，用以供给丧事的需要。还要征收野地的草木果实，以及凡是可以冬储的瓜果蔬菜，以备国家有事时的需要。

【原文】

掌蜃

掌蜃，掌斂互物、蜃物，以共闉壙之蜃，祭祀，共蜃器之蜃。共白盛之蜃。

【译文】

掌蜃的职责是掌管征收蚌蛤一类的东西，以供给填塞墓穴所需的蜃灰。祭祀，供给装饰祭器所需的蜃壳。供给把墙壁粉刷成白色的蜃灰。

【原文】

囿人

囿人，掌囿游之獸禁，牧百獸。祭祀、喪紀、賓客，共其生獸死獸之物。

【译文】

囿人的职责是掌管对离宫别苑中的禽兽设置藩篱和守卫，畜养各种禽兽。遇到祭祀、丧事和招待宾客，供给所需要的活的禽兽与死的禽兽。

【原文】

場人

場人，掌國之場圃，而樹之果蓏、珍異之物，以時斂而藏之。凡祭祀、賓客，共其果蓏。享亦如之。

【译文】

场人的职责是掌管国家的场圃，在场圃里种上各种瓜果蔬菜和罕见的水果，按时收获和储藏。凡有祭祀与招待宾客之事，负责提供所需的瓜果；宗庙的荐新也是这样。

【原文】

廩人

廩人，掌九穀之數，以待國之匪頒、賙賜、稍食。以歲之上下數邦用，以知足否，以詔穀用，以治年之凶豐。凡萬民之食食者，人四鬴，上也；人三鬴，中也；人二鬴，下也。若食不能人二鬴，則令邦移民就穀，詔王殺邦用。凡邦有會同師役之事，則治其糧與其食。大祭祀，則共其接盛。

【译文】

廩人的职责是掌管统计各种谷物的总产量，以备国家发放群臣的俸禄、救济与赏赐臣民、发放没有爵位而在官府服役者的月俸。根据年成的好坏来计划国家的粮食支出，以知是否够用，以报告上级，使制订出合乎实际的用粮计划，以便处理好丰年凶年带来的问题。凡是能够吃饭的百姓，如果每人每月的口粮达到四鬴，那就算是丰收的年成；如果每人每月的口粮达到三鬴，那就算是中等年成；如果每人每月的口粮达到二鬴，那就算是歉收的年成。如果每人每月

的口粮连二鬴也达不到，那就要报告上级，建议把饥民迁移到丰收地区，报告天子使之减省国家的费用。凡国家有会同、军旅、劳役等事，则为其准备路上要带的干粮和宿营时做饭的米。每逢大的祭祀，则把祭祀所用的米从米仓中取出并交给舂人，让其舂得更精细些。

【原文】

舍人

舍人，掌平宫中之政，分其財守，以灋掌其出入。凡祭祀，共簠簋，實之，陳之。賓客，亦如之，共其禮，車米、筥米、芻禾。喪紀，共飯米、熬穀。以歲時縣穜稑之種，以共王后之春獻種。掌米粟之出入，辨其物。歲終，則會計其政。

【译文】

舍人的职责是掌管摆平宫中用谷之事，将其掌管的谷物分发给宫正、内宰，让他们管理好，并作为稍食分发给宫中宿卫之人，按照规定掌管这些用谷的领取和退还。凡有祭祀，就提供簠簋，不但要在簠簋里装满祭品，而且要将簠簋陈列起来。遇到招待宾客，也是这样。另外还要向客人下榻的宾馆提供下列礼品：载米的车若干辆、米若干筥、刍禾若干车。遇到丧事，要供给所用的米和熬谷。每年按时将各种谷物的种子悬挂起来风干，以供王后来年春天把这些种子献给天子。掌管米粟的支出和收入，辨明谷物的种类。每到年终，要统计用谷的多少。

【原文】

倉人

倉人，掌粟入之藏，辨九穀之物，以待邦用。若穀不足，則止餘灋用，有餘，則藏之，以待凶而頒之。凡國之大事，共道路之穀積、食飲之具。

【译文】

仓人的职责是掌管各种谷物收入以后的储藏。辨别各种谷物的种类，以备国家使用。如果谷物不够使用，就减少带有福利性质的谷物使用；如果谷物有余，就储藏起来，以备荒年之用。凡国家有丧葬、军旅之事，负责为沿途的储备站提供谷物、饮食用品。

【原文】

司禄（闕）

【原文】

司稼

司稼，掌巡邦野之稼，而辨穜稑之種，周知其名與其所宜地，以爲灋，而縣於邑閭。巡野觀稼，以年之上下出斂灋。掌均萬民之食，而賙其急，而平其興。

【译文】

司稼的职责是掌管巡视邦野的禾稼，辨别各种禾稼的种植，遍知各种禾稼的名称与其适宜生长的土壤，制定为规章，悬挂在邑中的间门，以便百姓周知遵守。巡视野地，观察禾稼的生长情况，根据年成的好坏出台征税法令。掌管调查百姓口粮的多少，如果不够吃，就接济他们，公平地分发储备粮。

舂人

【原文】

舂人，掌共米物。祭祀，共其齍盛之米。賓客，共其牢禮之米，凡饗食，共其食米。掌凡米事。

【译文】

舂人的职责是掌管供给舂好的米。每逢祭祀，供给簠簋中盛放的米。招待宾客，供给牢礼的米。凡举行宴会，供给主食所用之米。掌管一切有关舂米的事。

饎人

【原文】

饎人，掌凡祭祀共盛。共王及后之六食。凡賓客，共其簠簋之實。饗食亦如之。

【译文】

饎人的职责是掌管向一切祭祀提供装在簠簋中的炊熟的黍稷稻粱。向天子、王后提供用六种谷物做成的主食。凡是招待宾客，要供给装在簠簋中的炊熟的黍稷稻粱；每逢各种宴会，也是这样。

槀人

【原文】

槀人，掌共外内朝宂食者之食。若饗耆老、孤子、士庶子，共其食。掌豢祭祀之犬。

【译文】

槁人的职责是掌管供给在外朝、内朝加班和值班人员的伙食。如果国家设宴招待老人、烈士遗孤和王宫的卫士，则负责供给其伙食。掌管豢养祭祀用的犬。

春官宗伯第三

叙官

【原文】

惟王建國，辨方正位，體國經野，設官分職，以爲民極。乃立春官宗伯，使帥其屬而掌邦禮，以佐王和邦國。

禮官之屬：大宗伯，卿一人；小宗伯，中大夫二人；肆師，下大夫四人，上士八人，中士十有六人，旅下士三十有二人，府六人，史十有二人，胥十有二人，徒百有二十人。

鬱人，下士二人，府二人，史一人，徒八人。

鬯人，下士二人，府一人，史一人，徒八人。

雞人，下士一人，史一人，徒四人。

司尊彝，下士二人，府四人，史二人，胥二人，徒二十人。

司几筵，下士二人，府二人，史一人，徒八人。

天府，上士一人，中士二人，府四人，史二人，胥二人，徒二十人。

典瑞，中士二人，府二人，史二人，胥一人，徒十人。

典命，中士二人，府二人，史二人，胥一人，徒十人。

司服，中士二人，府二人，史一人，胥一人，徒十人。

典祀，中士二人，下士四人，府二人，史二人，胥四人，徒四十人。

守祧，奄八人，女祧每廟二人，奚四人。

世婦，每宮卿二人，下大夫四人，中士八人，女府二人，女史二人，奚十有六人。

內宗，凡內女之有爵者。

外宗，凡外女之有爵者。

冢人，下大夫二人，中士四人，府二人，史四人，胥十有二人，徒百有二十人。

墓大夫，下大夫二人，中士八人，府二人，史四人，胥二十人，徒二百人。

職喪，上士二人，中士四人，下士八人，府二人，史四人，胥四人，徒四十人。

大司樂，中大夫二人；樂師，下大夫四人，上士八人，下士十有六人，府四人，史八人，胥八人，徒八十人。

大胥，中士四人；小胥，下士八人。府二人，史四人，徒四十人。

大師，下大夫二人；小師，上士四人；瞽矇，上瞽四十人，中瞽百人，下瞽百有六十人；眡瞭三百人。府四人，史八人，胥十有二人，徒百有二十人。

典同，中士二人，府一人，史一人，胥二人，徒二十人。

磬師，中士四人，下士八人，府四人，史二人，胥四人，徒四十人。

鐘師，中士四人，下士八人，府二人，史二人，胥六人，徒六十人。

笙師，中士二人，下士四人，府二人，史二人，胥一人，徒十人。

鎛師，中士二人，下士四人，府二人，史二人，胥二人，徒二十人。

韎師，下士二人，府一人，史一人，舞者十有六人，徒四十人。

旄人，下士四人，舞者衆寡無數，府二人，史二人，胥二人，徒二十人。

籥師，中士四人，府二人，史二人，胥二人，徒二十人。

籥章，中士二人，下士四人，府一人，史一人，胥二人，徒二十人。

鞮鞻氏，下士四人，府一人，史一人，胥二人，徒二十人。

典庸器，下士四人，府四人，史二人，胥八人，徒八十人。

司干，下士二人，府二人，史二人，徒二十人。

大卜，下大夫二人；卜師，上士四人；卜人，中士八人，下士十有六人。府二人，史二人，胥四人，徒四十人。

龜人，中士二人，府二人，史二人，工四人，胥四人，徒四十人。

華氏，下士二人，史一人，徒八人。

占人，下士八人，府一人，史二人，徒八人。

簭人，中士二人，府一人，史二人，徒四人。

占夢，中士二人，史二人，徒四人。

眡祲，中士二人，史二人，徒四人。

大祝，下大夫二人，上士四人；小祝，中士八人，下士十有六人。府二人，史四人，胥四人，徒四十人。

喪祝，上士二人，中士四人，下士八人，府二人，史二人，胥四人，徒四十人。

甸祝，下士二人，府一人，史一人，徒四人。

詛祝，下士二人，府一人，史一人，徒四人。

司巫，中士二人，府一人，史一人，胥一人，徒十人。

男巫無數，女巫無數；其師，中士四人。府二人，史四人，胥四人，徒四十人。

大史，下大夫二人，上士四人；小史，中士八人，下士十有六人。府四人，史八人，胥四人，徒四十人。

馮相氏，中士二人，下士四人，府二人，史四人，徒八人。

保章氏，中士二人，下士四人，府二人，史四人，徒八人。

內史，中大夫一人，下大夫二人，上士四人，中士八人，下士十有六人，

府四人，史八人，胥四人，徒四十人。

外史，上士四人，中士八人，下士十有六人，胥二人，徒二十人。

御史，中士八人，下士十有六人，其史百有二十人，府四人，胥四人，徒四十人。

巾車，下大夫二人，上士四人，中士八人，下士十有六人，府四人，史八人，工百人，胥五人，徒五十人。

典路，中士二人，下士四人，府二人，史二人，胥二人，徒二十人。

車僕，中士二人，下士四人，府二人，史二人，胥二人，徒二十人。

司常，中士二人，下士四人，府二人，史二人，胥四人，徒四十人。

都宗人，上士二人，中士四人，府二人，史四人，胥四人，徒四十人。

家宗人，如都宗人之數。

凡以神士者無數，以其藝爲之貴賤之等。

【译文】

（按：《春官·叙官》的译文，大体上同于《天官·叙官》的译文。为节省篇幅，此略。）

【原文】

大宗伯

大宗伯之職，掌建邦之天神、人鬼、地示之禮，以佐王建保邦國。以吉禮事邦國之鬼神示，以禋祀祀昊天上帝，以實柴祀日、月、星、辰，以槱燎祀司中、司命、飌師、雨師，以血祭祭社稷、五祀、五嶽，以貍沈祭山林、川澤，以疈辜祭四方百物，以肆獻祼享先王，以饋食享先王，以祠春享先王，以禴夏享先王，以嘗秋享先王，以烝冬享先王。

以凶禮哀邦國之憂，以喪禮哀死亡，以荒禮哀凶札，以弔禮哀禍烖，以禬禮哀圍敗，以恤禮哀寇亂。

以賓禮親邦國。春見曰朝，夏見曰宗，秋見曰覲，冬見曰遇，時見曰會，殷見曰同，時聘曰問，殷覜曰視。

以軍禮同邦國。大師之禮，用衆也；大均之禮，恤衆也；大田之禮，簡衆也；大役之禮，任衆也；大封之禮，合衆也。

以嘉禮親萬民。以飲食之禮，親宗族兄弟；以昏冠之禮，親成男女；以賓射之禮，親故舊朋友；以饗燕之禮，親四方之賓客；以脤膰之禮，親兄弟之國；以賀慶之禮，親異姓之國。

以九儀之命，正邦國之位。壹命受職，再命受服，三命受位，四命受器，五命賜則，六命賜官，七命賜國，八命作牧，九命作伯。

以玉作六瑞，以等邦國。王執鎮圭，公執桓圭，侯執信圭，伯執躬圭，子執穀璧，男執蒲璧。以禽作六摯，以等諸臣。孤執皮帛，卿執羔，大夫執鴈，士執雉，庶人執鶩，工商執雞。以玉作六器，以禮天地四方。以蒼璧禮天，以黄琮禮地，以青圭禮東方，以赤璋禮南方，以白琥禮西方，以玄璜禮北方。皆有牲幣，各放其器之色。以天産作陰德，以中禮防之；以地産作陽德，以和樂防之。以禮樂合天地之化、百物之産；以事鬼神，以諧萬民，以致百物。

凡祀大神，享大鬼，祭大示，帥執事而卜日，宿，眡滌濯，涖玉鬯，省牲鑊，奉玉齍，詔大號，治其大禮，詔相王之大禮。若王不與祭祀，則攝位。凡大祭祀，王后不與，則攝而薦豆籩徹。大賓客，則攝而載果。朝覲會同，則爲上相。大喪亦如之。王哭諸侯亦如之。王命諸侯，則儐。國有大故，則旅上帝及四望。王大封，則先告后土。乃頒祀於邦國都家鄉邑。

【译文】

大宗伯的职责是掌管为国家建立祀天神、享人鬼、祭地祇的礼制，以辅佐天子安邦定国。用吉礼来侍奉邦国的天神、地祇、人鬼：在祀天神开始请神降临时，用禋祀的礼数来祀昊天与上帝，用实柴的礼数来祀日、月、星、辰，用槱燎的礼数来祀司中、司命、风师、雨师。在祭地祇开始请神降临时，用血祭的礼数来祭社稷、五祀、五岳，用埋沉的礼数来祭山林、川泽，用疈辜的礼数来祭四方众多小神。在享人鬼开始请神降临时，或用肆献祼的礼数来享先王，或用馈食的礼数来享先王，春天以祠祭来享先王，夏天以禴祭来享先王，秋天以尝祭来享先王，冬天以烝祭来享先王。

用凶礼来为邦国的不幸事件救患分灾：以丧礼向死者表示哀悼，以荒礼救助饥荒和疾疫流行，以吊礼慰问遭到灾祸的邦国，以禬礼帮助战败的盟国，以恤礼慰问遭到寇乱的邻国。

用宾礼来建立与邦国的亲密关系：诸侯在春天来朝见天子叫做朝，诸侯在夏天来朝见天子叫做宗，诸侯在秋天来朝见天子叫做觐，诸侯在冬天来朝见天子叫做遇。天子将有征讨而令一方诸侯前来朝见，这种没有固定时间的朝见叫做会；天子在应该巡守之年如果没有巡狩，四方六服的诸侯一齐前来朝见，这叫做同；诸侯听说天子有事，派遣大夫前来问候，这叫做问；在侯服诸侯来朝之年，其他五服诸侯也派遣卿齐来探望，这叫做视。

用军礼来统一邦国的意志，使其服从中央，大师之礼，用来鼓励民众的义勇之志；大均之

礼，用来体恤民众的赋税负担； 大田之礼，用来检阅民众的习兵练武； 大役之礼，用来使用民众的劳力； 大封之礼，用来使民众回归故土。

用嘉礼来使万民相亲相爱： 以饮食之礼敦睦同族兄弟，以婚礼、冠礼使夫妇相亲和使青年男女有成人意识，以宾射之礼表示不忘故旧朋友，以飨宴之礼来联络四方诸侯的感情，以脤膰之礼来加强与同姓国家的亲密关系，以贺庆之礼来加强与异姓国家的亲密关系。

用九等不同礼仪的册命区别邦国爵位的贵贱： 得到一命爵位的人可以说是正式进入仕途，得到再命爵位的人可以接受公家颁发的祭服，得到三命爵位的人可以列位于天子之臣，得到四命爵位的人可以接受公家颁发的祭器，得到五命爵位的人可以赐予或方百里或方二百里的土地，得到六命爵位的人可以在其采邑自主选用官吏，得到七命爵位的人可以封为侯伯之国的国君，得到八命爵位的人可以做一州之牧，得到九命爵位的人可以做一方之伯。

用玉制成六瑞以区别五等诸侯的身份。 只有天子手执镇圭，公爵一律手执桓圭，侯爵一律手执信圭，伯爵一律手执躬圭，子爵一律手执谷璧，男爵一律手执蒲璧。

用鸟兽作为六种见面礼，以区别不同身份的臣民： 孤手执皮帛作为见面礼，卿手执羊羔作为见面礼，大夫手执鹅作为见面礼，士手执野鸡作为见面礼，平民手执鸭子作为见面礼，工商阶层手执鸡作为见面礼。

用玉制成六种玉器，以祭祀天神、地神和东西南北四方之神。 以苍璧祭祀天神，以黄琮祭祀地神，以青圭祭祀东方之神，以赤璋祭祀南方之神，以白琥祭祀西方之神，以玄璜祭祀北方之神。祭祀上述诸神时，都有牲币，而牲币的颜色都和该方所用玉器的颜色一致。

以动物食品来调剂人体内的阴气，以适中的礼防止阴气过分； 以植物食品来调剂人体内的阳气，以和谐的音乐防止阳气过分。 圣人制礼作乐，合聚天地之间的矿物、动物、植物，用以祭祀鬼神，用以谐和万民，用以得到祭祀鬼神、招待宾客所需的种种物品。

凡是祀天神、享人鬼、祭地祇的重大典礼，要首先率领有关官员占卜祭祀的吉日，然后申戒参加典礼的百官，视察祭器和炊具的洗涤，视察舀郁鬯香酒用的玉饰勺子，视察祭祀用的牺牲和烹煮牲体的大锅，亲手奉持玉粢，将祝辞中要使用的美好称呼提醒大祝，将预计有天子参加的典礼事先演习一遍，等到正式行礼时就提醒天子如何行礼。 如果天子因故未能亲自参加祭祀典礼，就代替天子行礼。 凡是大的祭祀，如果王后因故未能参加，就代替王后进献豆笾和撤除豆笾。 遇到天子设宴招待上公，如果王后因故未能参加，就代替王后向客人行再祼之礼。

遇到朝觐会同，就担任天子的第一傧相。 遇到王后与世子的丧事，也是这样。 遇到诸侯死于本国而天子为其遥哭时，也是这样。 天子对诸侯有分封之命或进爵之命时，就担任受命者的赞引。 国家发生了重大灾害，就祭祀上帝和遥祭四方的名山大川。 天子分封诸侯，就事先祭告后土。 并以天子的名义向邦国、都家、乡遂、公邑颁发祀典。

【原文】

小宗伯

小宗伯之職，掌建國之神位，右社稷，左宗廟。兆五帝於四郊，四望、四類亦如之。兆山川、丘陵、墳衍，各因其方。

掌五禮之禁令與其用等。辨廟祧之昭穆。辨吉凶之五服、車旗、宮室之禁。掌三族之别，以辨親疏。其正室皆謂之門子，掌其政令。

毛六牲，辨其名物，而頒之於五官，使共奉之。辨六齍之名物與其用，使六宫之人共奉之。辨六彝之名物，以待果將。辨六尊之名物，以待祭祀、賓客。

掌衣服、車旗、宮室之賞賜。掌四時祭祀之序事與其禮。若國大貞，則奉玉帛以詔號。大祭祀，省牲，眡滌濯。祭之日，逆齍，省鑊，告時於王，告備於王。

凡祭祀、賓客，以時將瓚祼。詔相祭祀之小禮。凡大禮，佐大宗伯。賜卿大夫士爵，則儐。小祭祀掌事，如大宗伯之禮。大賓客，受其將幣之齎。若大師，則帥有司而立軍社，奉主車。若軍將有事，則與祭有司將事於四望。若大甸，則帥有司而饁獸於郊，遂頒禽。大烖，及執事禱祠於上下神示。

王崩，大肆，以秬鬯渳。及執事涖大斂、小斂，帥異族而佐；縣衰冠之式於路門之外。及執事眡葬獻器，遂哭之；卜葬兆，甫竁，亦如之。既葬，詔相喪祭之禮。成葬而祭墓，爲位。

凡王之會同、軍旅、甸、役之禱祠，肄儀，爲位。國有禍烖，則亦如之。凡天地之大烖，類社稷、宗廟，則爲位。凡國之大禮，佐大宗伯。凡小禮，掌事如大宗伯之儀。

【译文】

小宗伯的职责是，掌管在京师及其四郊建立神位：在王宫路门外的右边建立社神稷神的坛位，在王宫路门外的左边建立列祖列宗的庙宇。在四郊建立祭祀五帝的坛位，建立四望、四类的坛位也是如此。祭祀山川、丘陵、坟衍的坛位，各随其所在的方向而建立。

掌管吉凶宾军嘉五礼的禁令和在行礼时按照身份高低使用不同级别的牲牢、礼器，辨别庙祧的昭穆顺序，辨别五等吉服、凶服，掌管有关（五等服装和）车旗宫室的禁令。掌管区分九族的远近，以辨别其关系亲疏。王族及卿大夫的嫡子都叫做门子，小宗伯掌管征调使用他们的政令。

负责选择毛色纯一的六牲，辨别每一牲的名称及其实物，然后将这些要求分别通知大司徒等五官，让他们按照要求供奉；负责辨别六粢的名称、实物及其用场，并让六宫之人按照要求

供奉；负责辨别六彝的名称及其实物，以备祭祀和招待宾客之用。

掌管辨别天子赏赐臣下所需衣服、车旗、宫室的不同规格。掌管四时祭祀中每一祭祀所含礼仪的先后程序及其礼数。如果国家有大事须要卜问，则奉持玉帛和告知祝辞中要使用的美号。遇到大的祭祀，要协助大宗伯事先检查牺牲是否合乎要求，视察祭器和炊具的洗涤情况。等到祭祀那天，要从饎人手中接过粢盛，并视察牲体在锅中的烹煮，向天子报告陈列祭品和进献祭品的时间，向天子报告所有的祭品都已备齐。

凡是祭祀和招待宾客，要按时把行祼礼所用的圭瓒分别送到天子和大宗伯手中。教导群臣在祭祀中如何行礼。凡是有天子参加的大礼，都要协助大宗伯行事。天子向卿大夫士赐爵，就担任受赐者的赞引。小祭祀，有权专掌其事，就像大宗伯在大祭祀中所做的那样。诸侯来朝，负责接受他们带来的进贡财物。如果天子亲自率师征伐，就要率领大祝建立军中之社，并守护载有神主的车辆。如果军队将要祭祀四方的名山大川，就和掌管祭祀的有关部门一道行事。如果举行大规模的畋猎，在结束之后，就率领有关部门向四郊的群神进献所获禽兽，然后将剩下的禽兽分发给群臣。国家发生大的灾祸，就和有关官员一道祈祷、报谢于上上下下的天神地祇。

天子驾崩，则亲临伸展尸体，监视有关官员以郁鬯香酒浴尸；与有关官员一道亲临小殓、大殓，率领和天子异姓的人帮助小殓、大殓。将孝衣、孝帽的样式悬挂在路门之外，以昭示百官。

与有关工匠一道察看下葬时将要进献的明器，并代替天子哭泣。占卜下葬的茔地时，开始打墓时，也都要代替天子哭泣。下葬以后，嗣王举行虞祭、祔祭时，要指导他如何行礼。聚土成坟以后，要祭祀坟墓所在地的土地爷，求其保佑；在坟墓的左边设置土地爷的神位。

凡是天子为会同、军旅、田役之事举行祈祷和报谢神灵的祭祀，要预先演习一下礼仪，小宗伯就负责安排预演中的神位和百官之位。国家发生了祸灾，举行祈祷和报谢之祭，也是这样。如果发生了日食、地震一类的大灾，对社稷、宗庙进行类祭时，则负责安排神位。总而言之，凡是国家的重大典礼，就辅佐大宗伯行事；凡是国家的小型典礼，则可以专掌其事，就像大宗伯在重大典礼中所做的那样。

【原文】

肆師

肆師之職，掌立國祀之禮，以佐大宗伯。立大祀，用玉、帛、牲牷。立次祀，用牲幣。立小祀，用牲。以歲時序其祭祀及其祈珥。大祭祀，展犧牲，繫於牢，頒於職人。凡祭祀之卜日、宿、爲期，詔相其禮，眡滌濯亦如之。祭之日，表齍盛，告潔；展器陳，告備；及果，築鬻。相治小禮，誅其慢怠者。掌兆中、廟中之禁令。凡祭祀禮成，則告事畢。大賓客，涖筵几，築鬻，贊祼將。大朝覲，佐儐，共設匪罋之禮。饗、食授祭。與祝侯、禳

於畺及郊。大喪，大渳以鬯，則築鬻。令外、內命婦序哭。禁外、內命男女之衰不中灋者，且授之杖。

凡師、甸，用牲於社宗，則爲位。類造上帝，封於大神，祭兵於山川，亦如之。凡師不功，則助牽主車。凡四時之大甸獵，祭表貉，則爲位。嘗之日，涖卜來歲之芟。獮之日，涖卜來歲之戒。社之日，涖卜來歲之稼。

若國有大故，則令國人祭。歲時之祭祀亦如之。凡卿大夫之喪，相其禮。凡國之大事，治其禮儀，以佐宗伯。凡國之小事，治其禮儀而掌其事，如宗伯之禮。

【译文】

肆师的职责是掌管建立国内祭祀的礼仪，以协助大宗伯。建立大祀，其祭品可以使用玉帛牲牷；建立中祀，其祭品可以使用牲币；建立小祀，其祭品可以使用牲。把一年四时中所有的祭祀及其宫庙落成的衅礼，按照其规格的大中小和时间的先后排好顺序。大的祭祀，要先视察牺牲是否合乎要求，然后把合乎要求的牺牲系在圈牢里，交给充人精心饲养。凡是祭祀中的占卜吉日、申戒百官、确定举行祭礼的具体时间等活动，都要教导人们如何行礼。视察祭器、炊具的洗涤时也是这样。举行正式祭祀那天，要在簠簋旁边插上小旗，标明内装何种谷物，并向天子报告说：所献粢盛，干干净净。要检查所有陈列的祭品，并向天子报告说：所有祭品，都已齐备。等到行祼礼的时候，要将郁金香草捣碎煮汁。协助小宗伯主持小型典礼，对行礼怠慢的人加以责备。掌管郊外所有坛域、国中所有庙宇的禁令。凡祭祀典礼结束，就报告事毕。天子设宴招待来朝诸侯，要亲临检查筵席几案的设置，捣碎郁金香草并煮成汁液；当大宗伯代替王后行再祼之礼时，负责把郁鬯香酒斟满递给大宗伯。大朝觐时，作为第二傧相协助大宗伯行事，天子如果未能亲自设宴招待客人，就负责将装有各种食品的筐筥送往宾馆。如果天子亲自设宴招待客人，就负责将祭肺递给客人。与小祝一道主持在疆地和郊地举行的侯禳之祭。天子或王后去世，须要用郁鬯香酒浴尸，肆师就负责将郁金香草捣碎并煮成汁液。命令内外命妇按照次序哭泣。禁止内外百官、内外命妇穿着不合格式的孝衣，并且发给他们丧杖。

凡出师征伐和四时畋猎，如果用牲祭祀军中之社和迁庙神主，就负责设立神位；如果就所征之地类祭上帝，设坛祭祀当地的社神及方岳，祭祀驻军所在地的山川，也是这样。凡是打了败仗，就协助大司马牵引载有神主的车子快跑。凡是四时的大畋猎，在练兵场插有标杆的地方祭祀始造军法之神，就负责设立神位。秋季祭祀宗庙的那天，亲临卜问来年草物收割的多少；秋季畋猎开始的那天，亲临卜问来年是否有兵寇之灾；秋季举行社祭的那天，亲临卜问来年适宜种植的庄稼。

如果国家发生了水旱凶荒一类灾祸，就下令所有国民举行社祭、禜祭、酺祭。一年四季中的正常祭祀，也要下令国民照章举行。凡是卿大夫去世，在丧事中要帮助其嫡子行礼。凡是国家

的重大典礼，治其礼仪，以辅佐大宗伯。凡是国家的小型典礼，就治其礼仪而专掌其事，就像大宗伯在重大典礼中所做的那样。

【原文】

鬱人

鬱人掌裸器。凡祭祀、賓客之裸事，和鬱鬯，以實彝而陳之。凡裸玉，濯之，陳之，以贊裸事。詔裸將之儀與其節。凡裸事，沃盥。大喪之渳，共其肆器；及葬，共其裸器，遂貍之。大祭祀，與量人受舉斝之卒爵而飲之。

【译文】

郁人的职责是掌管裸器。每逢祭祀、招待宾客行裸礼时，负责调制郁鬯香酒，调好以后，还要装进彝里并摆放在行礼的地方。凡是裸礼所用的圭瓒、璋瓒，负责洗干净，然后陈设起来，以帮助行裸礼。行裸礼时，负责提醒天子怎样行礼和行礼的适当时间。每逢行裸礼，负责给天子、王后浇水洗手。天子、王后去世后的浴尸，负责提供陈放尸体所用的器具；等到下葬时，负责提供裸器，用过之后，就将裸器埋在祖庙的两阶之间。大的祭祀礼毕，与量人一道接受天子赐予的斝中之酒并将其饮干。

【原文】

鬯人

鬯人掌共秬鬯而飾之。凡祭祀，社壝用大罍，禜門用瓢齎，廟用脩，凡山川四方用蜃，凡裸事用概，凡疈事用散。大喪之大渳，設斗，共其釁鬯。凡王之齊事，共其秬鬯。凡王弔臨，共介鬯。

【译文】

鬯人的职责是掌管供应秬鬯，并为盛放秬鬯的酒樽蒙上巾幂。凡祭祀：如果是设坛祭祀社稷，就用瓦罍盛秬鬯；如果是因水旱而禜祭国门，就用葫芦盛秬鬯；如果是祭祀宗庙，就用卣盛秬鬯；如果是祭祀四方的名山大川，就用蜃盛秬鬯；如果是祭祀山林川泽，就用概盛秬鬯；如果是祭祀四方的小神，就用散盛秬鬯。天子、王后去世后的浴尸，负责陈设舀水用的勺子，负责提供涂尸用的秬鬯。每逢天子斋戒，供给天子洗澡用的秬鬯。凡是天子到臣下家里吊唁，供给天子用以涂身避秽的秬鬯。

【原文】

雞人

雞人掌共雞牲，辨其物。大祭祀，夜嘑旦以嘂百官。凡國之大賓客、會同、軍旅、喪紀，亦如之。凡國事爲期，則告之時。凡祭祀、面禳、釁，共

其雞牲。

【译文】

鸡人的职责是掌管供给鸡牲，辨别鸡的毛色。大祭祀，天快亮时要高声呼喊天亮了以叫醒百官。每逢国家设宴招待诸侯、大的会同、天子率军出征、天子或王后去世，也要这样。凡国家的事情已经确定了在当天的什么时辰开始，到时候就要负责报告时辰。凡祭祀、祈祷、衅庙一类事，负责供给所需要的鸡牲。

【原文】

司尊彝

司尊彝掌六尊、六彝之位，詔其酌，辨其用與其實。春祠、夏禴，祼用雞彝、鳥彝，皆有舟；其朝踐用兩獻尊，其再獻用兩象尊，皆有罍，諸臣之所昨也。秋嘗、冬烝，祼用斝彝、黄彝，皆有舟；其朝獻用兩著尊，其饋獻用兩壺尊，皆有罍，諸臣之所昨也。凡四時之間祀——追享、朝享，祼用虎彝、蜼彝，皆有舟；其朝踐用兩大尊，其再獻用兩山尊，皆有罍，諸臣之所昨也。凡六彝、六尊之酌，鬱齊獻酌，醴齊縮酌，盎齊涚酌，凡酒脩酌。大喪，存尊彝，大旅亦如之。

【译文】

司尊彝的职责是掌管六尊、六彝陈设的位置，告知六尊、六彝中所盛之酒的过滤方法，辨别六尊、六彝的不同用场和内装何酒。春天的祠祭和夏天的礿祭，行祼礼时使用鸡彝、鸟彝，鸡彝、鸟彝的下面都有承盘；行朝践礼时使用两只牺尊，行再献礼时使用两只象尊；都设有罍，供群臣自酢时使用。秋天的尝祭和冬天的烝祭，行祼礼时使用斝彝、黄彝，斝彝、黄彝的下面都有承盘；行朝献礼时使用两只著尊，行馈献礼时使用两只壶尊；都设有罍，供群臣自酢时使用。凡是四时不经常举行的祭祀，即追享、朝享，行祼礼时使用虎彝、蜼彝，虎彝、蜼彝的下面都有承盘；行朝践礼时使用两只太尊，行再献礼时使用两只山尊；另外也都设有罍，供群臣自酢时使用。所有六彝、六尊中所盛之酒的过滤方法是：郁齐这种酒，是把郁鬯和盎齐掺兑在一起，用手揉搓使郁金香汁充分发散，然后用一束茅草加以过滤；醴齐这种酒，是把醴齐和事酒掺兑在一起，然后用一束茅草加以过滤；盎齐这种酒，是把盎齐和清酒掺兑在一起，然后用筛子加以过滤；至于三酒，只须加进去一些水，然后用筛子加以过滤。天子、王后或太子去世，负责视察大遣奠时陈设的彝器，旅祭上帝时也是这样。

【原文】

司几筵

司几筵掌五几、五席之名物，辨其用，與其位。凡大朝覲、大饗、射，凡

封國、命諸侯，王位設黼依，依前南鄉設莞筵紛純，加繅席畫純，加次席黼純，左右玉几。祀先王，昨席亦如之。諸侯祭祀席，蒲筵繢純，加莞席紛純，右彫几；昨席，莞筵紛純，加繅席畫純。筵國賓於牖前，亦如之，左彤几。甸役則設熊席，右漆几。凡喪事，設葦席，右素几。其柏席用萑黼純，諸侯則紛純，每敦一几。凡吉事變几，凶事仍几。

【译文】

司几筵的职责是掌管五几、五席的名称和种类，辨别它们的用途与陈设的位置。凡是大朝覲、大飨、大射，凡是封建国家、册命诸侯，在天子的席位后面要设置黼依，黼依的前面，朝南方向，先挨地铺设一层用有图纹的长条丝带镶边的莞席，再在莞席上面加铺一层边缘画有彩云的五彩蒲席，蒲席上面再加铺一层用黑白相间斧形花纹丝带镶边的次席，席的左右则设置玉几。祭祀先王时为神铺设的席、为天子铺设的接受尸的酢酒之席也是这样。诸侯宗庙之祭为神铺设的席是：挨地一层是用赤色丝带镶边的蒲席，上面加铺一层用有图纹的长条丝带镶边的莞席的右边设置雕几；为诸侯铺设的酢席是：挨地一层先铺上用有图纹的长条丝带镶边的莞席，上面再加一层边缘画有彩云的五彩蒲席；为国宾在堂上窗前铺席也是这样：如果国宾是诸侯，就在席的左边设置雕几，如果国宾是孤卿大夫，就在席的左边设置彤几。天子畋猎时举行貉祭，则为神只铺设一层熊席，席的右边设置漆几。凡是丧事中的奠祭，为死者亡灵铺设苇席，席的右边设置素几；其墓穴中的神坐之席，天子是用有黑白相间斧形花纹丝带镶边的萑席，诸侯则用有图纹的长条丝带镶边的萑席，每棺均设一几。凡是吉礼中的祭祀活动，每项活动都要更换新几；而丧礼中的所有奠祭，从头到尾都是使用同一条几，无须更换。

天府

【原文】

天府掌祖廟之守藏與其禁令。凡國之玉鎮、大寶器，藏焉。若有大祭、大喪，則出而陳之；既事，藏之。凡官府鄉州及都鄙之治中，受而藏之，以詔王察羣吏之治。上春，釁寶鎮及寶器。凡吉凶之事，祖廟之中沃盥，執燭。季冬，陳玉，以貞來歲之媺惡。若遷寶，則奉之。若祭天之司民、司禄，而獻民數、穀數，則受而藏之。

【译文】

天府的职责是掌管祖庙中珍宝、档案的守藏与其禁令。凡是国家的玉镇、价值连城的珍宝，负责收藏。如果有大的祭祀、天子或王后去世，就把这些珍宝拿出来陈列展览；事过之后，再收藏起来。凡是中央、地方各级官府的办公文书档案，都负责接受并加以保管，告知天子，据以考核内外百官的政绩。每年初春，要对守藏的各种珍宝都进行血祭。每逢吉凶之事，当有关官员在祖庙中为尸和天子浇水洗手时，要在一旁举起火把照明。每年季冬，要陈设礼神的玉器，以

卜问来年的吉凶。如果国家迁都，珍宝也要随之迁移，则负责护送。如果每年孟冬有关部门在祭祀了司民、司禄二星以后，向天子进献全国本年的人口数、粮食数，则负责接受并加以保管。

【原文】

典瑞

典瑞掌玉瑞、玉器之藏，辨其名物與其用事，設其服飾。王晉大圭，執鎮圭，繅藉五采五就，以朝日。公執桓圭，侯執信圭，伯執躬圭，繅皆三采三就；子執穀璧，男執蒲璧，繅皆二采再就；以朝、覲、宗、遇、會同於王。諸侯相見亦如之。瑑圭、璋、璧、琮，繅皆二采一就，以覜聘。四圭有邸，以祀天、旅上帝。兩圭有邸，以祀地，旅四望。祼圭有瓚，以肆先王，以祼賓客。圭璧，以祀日月星辰。璋邸射，以祀山川，以造贈賓客。土圭以致四時日月，封國則以土地。珍圭以徵守，以恤凶荒。牙璋以起軍旅，以治兵守。璧羡以起度。駔圭、璋、璧、琮、琥、璜之渠眉，疏璧琮以斂尸。穀圭以和難，以聘女。琬圭以治德，以結好。琰圭以易行，以除慝。大祭祀、大旅，凡賓客之事，共其玉器而奉之。大喪，共飯玉、含玉、贈玉。凡玉器出，則共奉之。

【译文】

典瑞的职责是掌管玉瑞、玉器的收藏，辨别它们的名称、种类及其用场，并为其设置作为装饰用的衬垫。天子腰带上插的是大圭，手中执的是镇圭，它们的彩色衬垫都是用玄黄朱白苍五种颜色在衬垫上横绕着画上五圈，用以朝日。公爵手执桓圭，侯爵手执信圭，圭的衬垫都是用朱白苍三种颜色在衬垫上横绕着画上三圈；子爵手执谷璧，男爵手执蒲璧，璧的衬垫都是用朱绿两种颜色在衬垫上横绕着画上两圈，用以在朝、觐、宗、遇、会、同的场合朝见天子。诸侯之间会见也是这样。刻有隆起装饰纹的圭、璋、璧、琮，其衬垫都是用朱绿两种颜色在衬垫上横绕着画上一圈，诸侯派遣大夫聘问天子或诸侯之间互相聘问时使用之。四圭有邸，用来祭祀昊天，用来旅祭上帝。两圭有邸，用来祀地，用来旅祭四方的名山大川。圭瓒，天子在祭祀先王和设宴招待宾客时用来行祼礼。圭璧，用来祭祀日月星辰。璋邸射，用来祭祀中小山川，用来作为到宾客下榻的宾馆馈赠生熟食品的信物。土圭，用来测量日月在春分、夏至、秋分、冬至那天影子的长短，分封诸侯则用来测量封域。珍圭，天子用来征召诸侯，用来传达王命，赈救凶年灾荒。牙璋，天子用来调动军队，用来发兵防守。璧羡，用来作为度量的标准。用丝带将圭、璋、璧、琮、琥、璜通过刻在它们上面的沟纹串联起来（其中的璧琮还要刻镂出穿透的小眼），用来殓尸。谷圭，天子用来调解诸侯的仇怨，缔结婚姻时用来给女方下聘礼。琬圭，天子用来奖励诸侯做好事，用来与诸侯缔结友好关系。琰圭，用来责备行为不端的诸侯使其改恶从善，用来拘捕诸侯中的坏蛋。

大祭祀，大旅祭，以及凡是招待宾客之事，负责供应所需要的玉器并送往行礼之处。天子或王后、太子去世，负责供给饭玉、含玉和赠玉。凡是天子要赐予臣下玉器，路程近的负责送达，路程远的则交付使者。

典命

【原文】

典命掌諸侯之五儀、諸臣之五等之命。上公九命爲伯，其國家、宫室、車旗、衣服、禮儀，皆以九爲節；侯伯七命，其國家、宫室、車旗、衣服、禮儀，皆以七爲節；子男五命，其國家、宫室、車旗、衣服、禮儀，皆以五爲節。王之三公八命，其卿六命，其大夫四命；及其出封，皆加一等，其國家、宫室、車旗、衣服、禮儀亦如之。凡諸侯之適子誓於天子，攝其君，則下其君之禮一等；未誓，則以皮帛繼子男。公之孤四命，以皮帛眡小國之君，其卿三命，其大夫再命，其士壹命，其宫室、車旗、衣服、禮儀，各眡其命之數。侯伯之卿、大夫、士亦如之。子男之卿再命，其大夫壹命，其士不命，其宫室、車旗、衣服、禮儀，各眡其命之數。

【译文】

典命的职责是掌管五等诸侯的礼仪和侯国诸臣的五等命数。上公九命就成为方伯，其都城面积、宫室大小、所用的车旗、所穿的礼服、所享受的礼仪，都是以九为准；侯爵、伯爵的国君是七命，其都城面积、宫室大小、所用的车旗、所穿的礼服、所用的礼仪，都是以七为准；子爵、男爵的国君是五命，其都城面积、宫室大小、所用的车旗、所穿的礼服、所享受的礼仪，都是以五为准。天子的三公是八命，天子的卿是六命，天子的大夫是四命，如果他们被出封为畿外的诸侯，都加一等，他们的都城面积、宫室大小、所用的车旗、所穿的礼服、所享受的礼仪，也就随着都加一等。凡是诸侯的嫡子，如果已经得到天子的册命被立为太子，代行其国国君的职务，那么，他享受的礼数都比其国国君降低一等；如果尚未得到天子的册命认可，那么，就只能拿着皮帛作为见面礼参见朝会，并且排在子男的后面。上公的孤是四命，参见朝会时以皮帛作为见面礼比照小国之君的礼数，上公的卿是三命，其大夫是再命，其士是一命，他们的宫室大小、所用的车旗、所穿的礼服、所享受的礼仪，各自比照其命数。侯爵、伯爵的卿大夫士也是这样。子爵、男爵的卿是再命，其大夫是一命，其士不命，他们的宫室大小、所用的车旗、所穿的礼服、所享受的礼仪，也各自比照其命数。

司服

【原文】

司服掌王之吉凶衣服，辨其名物與其用事。王之吉服：祀昊天上帝，則服大裘而冕，祀五帝亦如之；享先王則衮冕，享先公、饗、射則驚

冕，祀四望山川則毳冕，祭社稷、五祀則希冕，祭羣小祀則玄冕。凡兵事，韋弁服。眡朝則皮弁服。凡甸，冠弁服。凡凶事，服弁服。凡弔事，弁絰服。凡喪，爲天王斬衰，爲王后齊衰。王爲三公六卿錫衰，爲諸侯緦衰，爲大夫、士疑衰，其首服皆弁絰。大札、大荒、大災，素服。公之服，自衮冕而下，如王之服。侯伯之服，自鷩冕而下，如公之服。子男之服，自毳冕而下如侯伯之服；孤之服，自希冕而下如子男之服；卿大夫之服，自玄冕而下如孤之服，其凶服加以大功、小功；士之服，自皮弁而下如大夫之服，其凶服亦如之，其齊服有玄端、素端。凡大祭祀、大賓客，共其衣服而奉之。大喪，共其復衣服，斂衣服，奠衣服，廞衣服，皆掌其陳序。

【译文】

司服的职责是掌管天子参加重大吉凶典礼时所穿的礼服，辨别这些礼服的名称、种类及其用场。天子参加吉礼吉事的礼服有：如果是祭祀昊天和上帝，就身穿大裘而头戴冕，祭祀五帝时也是这样；如果是祭祀先王，就身穿衮服而头戴冕；如果是祭祀先公、设宴招待宾客、举行大射礼，就身穿鷩服而头戴冕；如果是祭祀四方的名山大川，就身穿毳服而头戴冕；如果是祭祀社稷、五祀，就身穿希服而头戴冕；如果是祭祀小的神灵，就身穿玄服而头戴冕。凡参加军事活动，天子就穿韦弁服。凡是视朝，天子就穿皮弁服。凡参加畋猎，天子就穿冠弁服。凡参加丧事活动，天子就头戴孝帽，身穿孝服。凡是去吊唁群臣，天子就穿弁绖服。凡是天子去世，诸侯群臣都要为他服斩衰；凡是王后去世，诸侯群臣都要为她服齐衰。天子的吊服有三种：吊三公六卿则穿锡衰，吊诸侯则穿缌衰，吊大夫士则穿疑衰，不管哪种吊服，头上戴的都是弁绖。遇到疫病流行、荒年、重大灾害，天子就穿素服。上公的礼服，自衮冕以下与天子的礼服相同；侯爵、伯爵的礼服，自鷩冕以下与上公的礼服相同；子爵、男爵的礼服，自毳冕以下与侯爵、伯爵的礼服相同；孤的礼服，自希冕以下与子爵、男爵的礼服相同；卿大夫的礼服，自玄冕以下与孤的礼服相同；卿大夫的丧服，除了斩衰、齐衰以外，还要加上大功和小功丧服；士的礼服，从皮弁以下与大夫的礼服相同，其丧服除了斩衰、齐衰、大功、小功以外，还要加上缌麻。上自天子，下至士，其斋戒时的礼服都是玄端、素端。每逢大的祭祀，每逢招待重要宾客，负责把天子在这些场合要穿的礼服给天子送去。遇到天子或王后、太子去世，负责提供用来招魂的衣服，小殓大殓时要用的衣服，奠衣服，廞衣服，上述衣服的陈列次序也都归司服负责。

【原文】

典祀

典祀掌外祀之兆守，皆有域，掌其禁令。若以時祭祀，則帥其屬而脩除，徵役於司隸而役之。及祭，帥其屬而守其厲禁而蹕之。

【译文】典祀的职责是掌管外祀神坛的守护，神坛周围都垒墙为界，掌管闲杂人等不得进入的禁令。如果按时举行祭祀，就率领本部门的胥徒先期进行打扫除草，还可以向司隶征调隶徒前来听候差遣。等到祭祀那天，就率领本部门的胥徒在围墙四周巡逻，严禁闲杂人等随意出入走动。

守祧

【原文】

守祧掌守先王、先公之廟祧，其遺衣服藏焉。若將祭祀，則各以其服授尸。其廟，則有司修除之；其祧，則守祧黝堊之。既祭，則藏其隋與其服。

【译文】

守祧的职责是掌管守护先王、先公的庙祧，将他们遗留的衣服收藏起来。如果将要祭祀他们，就将他们遗留的衣服授予尸。如果要祭祀庙中的神主，就由有关部门负责事先打扫除草和粉刷墙壁；如果将要祭祀祧中的神主，就由守祧负责事先粉刷墙壁和打扫除草。祭祀结束，就将祭神剩下来的食品埋在西阶东面的地下，把尸穿的衣服重新收藏起来。

世婦

【原文】

世婦掌女宫之宿戒，及祭祀，比其具，詔王後之禮事，帥六宫之人共齍盛。相外内宗之禮事。大賓客之饗食，亦如之。大喪，比外内命婦之朝莫哭，不敬者而苛罰之。凡王后有擽事於婦人，則詔相。凡内事有達於外官者，世婦掌之。

【译文】

世妇的职责是掌管对女宫的宿戒，等到祭祀那天，检查应当由女宫做好准备的各项工作，随时提醒王后应行的礼仪，率领六宫之人供给粢盛，也要随时告知外宗、内宗应行的礼仪。设宴招待诸侯时，也是这样。太后或天子、王后去世，负责检查内外命妇在朝夕哭时的表现，如发现有不敬者，就予以呵斥处罚。凡王后对前来吊唁的女宾行拜谢礼时，要随时提醒王后应行的礼仪。凡王后六宫之内有事须要通知外官者，由世妇负责办理。

内宗

【原文】

内宗掌宗廟之祭祀薦加豆籩；及以樂徹，則佐傳豆籩。賓客之饗食亦如之。王后有事則從。大喪，序哭者。哭諸侯亦如之。凡卿大夫之喪，掌其弔臨。

【译文】

内宗的职责是宗庙祭祀时，掌管进献加豆笾；等到奏乐撤席时，则协助传递豆笾。设宴招待宾客时也是这样。王后有事则在后跟随。太后或天子、王后去世，按照亲疏尊卑的次序安排内外宗和内外命妇的哭泣。王后哭吊诸侯时也是这样。凡本国卿大夫去世，负责对他们的吊临。

【原文】

外宗

外宗掌宗廟之祭祀佐王后薦玉豆，眡豆籩；及以樂徹，亦如之。王后以樂羞齍則贊。凡王后之獻，亦如之。王后不與，則贊宗伯。小祭祀，掌事。賓客之事亦如之。大喪，則叙外内朝莫哭者。哭諸侯亦如之。

【译文】

外宗的职责是宗庙祭祀时，掌管协助王后进献玉豆、玉笾，视察豆笾中的祭品是否合乎要求；等到奏乐撤下豆笾时，也是这样。在王后按着音乐向尸进献粢盛时，要在旁协助。每逢王后向尸献酒时，也是这样。王后如果因故未能参与祭祀，就要事事协助代替王后行礼的大宗伯。在宫中举行的小祭祀，由外宗全权负责。设宴招待来朝诸侯也是这样。太后或天子、王后去世，在朝夕哭时，要按照亲疏尊卑的次序安排内外宗和外命妇的哭泣。哭吊诸侯时也是这样。

【原文】

冢人

冢人掌公墓之地，辨其兆域而爲之圖。先王之葬居中，以昭穆爲左右。凡諸侯居左右以前，卿大夫士居後，各以其族。凡死於兵者，不入兆域。凡有功者居前。以爵等爲丘封之度，與其樹數。大喪，既有日，請度甫竁，遂爲之尸。及竁，以度爲丘隧，共喪之窆器。及葬，言鸞車、象人。及窆，執斧以涖，遂入藏凶器，正墓位，蹕墓域，守墓禁。凡祭墓，爲尸。凡諸侯及諸臣葬於墓者，授之兆，爲之蹕，均其禁。

【译文】

冢人的职责是掌管公家的墓地，辨明墓地四周的界域，将整个墓地的地形及每一坟墓的所在位置绘制成图。始祖的坟墓安排在墓地的中央，其嫡系子孙的坟墓则按照昭穆的顺序分列左右。凡是陪葬的同姓诸侯，其坟墓都在天子坟墓的左右前方；凡是陪葬的同姓卿大夫士，其坟墓都在天子坟墓的左右后方；而且都是按照各自所属的天子族系。凡因战败而被杀者，不得入葬公墓的茔域之内。凡是建立功勋者的坟墓，都安排在天子坟墓的正前方。按照死者的爵位级别来确定死者坟头的大小和坟头上种植的树木。天子或王后去世，破土打墓的日期已经确定，冢人就要报请冢宰度量行将开始打墓的地方；等到葬后祭祀墓地所在的土地时，就充当

户。等到正式打墓时，就按照死者应享有的标准建造坟头和挖掘墓道，并且供给下葬时所需的器材。等到下葬那天，要对作为明器使用的遣车和木偶人说该上路了。等到下棺入圹时，要手执斧头亲临观察，以备不虞；此事结束，就把明器纳入椁中埋藏。负责使墓位不乱档次，墓域之内禁止闲人通行，守护墓地，严禁在墓域之内砍柴摘果随便动土。凡是祈祷性质的祭墓，冢人就充当尸。凡诸侯及诸臣陪葬公墓者，要给他们划定茔域，禁止闲人在茔域走动，平均安排守墓人的工作。

墓大夫

【原文】

墓大夫掌凡邦墓之地域，爲之圖。令國民族葬，而掌其禁令；正其位，掌其度數，使皆有私地域。凡爭墓地者，聽其獄訟。帥其屬而巡墓厲，居其中之室以守之。

【译文】

墓大夫的职责是掌管全国所有公共墓地的地域，并将这些墓地绘制成图。命令国民都要聚族而葬，而墓大夫则掌管有关这方面的禁令。规定死者的墓位，掌管坟墓建造的规格，使每一家都在公共墓地中拥有一片自己的墓地。凡有争夺墓地的纠纷，就负责听断他们的官司。率领其下属巡逻墓地四周的藩篱，坐镇在公墓中央的官舍指挥下属守护墓地。

職喪

【原文】

職喪掌諸侯之喪，及卿、大夫、士凡有爵者之喪，以國之喪禮，涖其禁令，序其事。凡國有司以王命有事焉，則詔贊主人。凡其喪祭，詔其號，治其禮。凡公有司之所共，職喪令之，趣其事。

【译文】

职丧的职责是掌管诸侯的丧事以及卿、大夫、士所有有爵位者的丧事，按照国家规定的丧礼亲临死者之家执行禁令，安排好丧事中各个环节的顺序。凡是天子派遣特使以天子的名义前来吊唁、致含、致襚、致赠、致赗，就要告诉丧家的主人应该如何行礼，并帮助主人接受礼品。凡是丧事中的祭奠，都要告诉丧家主人祝文应该如何措辞，指导丧家演习礼仪。凡是公家的有关职能部门按照规定应该为丧家提供的东西，职丧可以下令催促速办，不得稽缓。

大司樂

【原文】

大司樂掌成均之灋，以治建國之學政，而合國之子弟焉。凡有道者、有德者，使教焉；死則以爲樂祖，祭於瞽宗。以樂德教國子中、和、祗、庸、孝、友，以樂語教國子興、道、諷、誦、言、語。以樂舞教國子舞《雲門》、

《大卷》、《大咸》、《大磬》、《大夏》、《大濩》、《大武》。以六律、六同、五聲、八音、六舞大合樂，以致鬼、神、示，以和邦國，以諧萬民，以安賓客，以説遠人，以作動物。乃分樂而序之，以祭，以享，以祀。乃奏黄鐘，歌大吕，舞《雲門》，以祀天神；乃奏大蔟，歌應鐘，舞《咸池》，以祭地示；乃奏姑洗，歌南吕，舞《大磬》，以祀四望；乃奏蕤賓，歌函鐘，舞《大夏》，以祭山川；乃奏夷則，歌小吕，舞《大濩》，以享先妣；乃奏無射，歌夾鐘，舞《大武》，以享先祖。凡六樂者，文之以五聲，播之以八音。凡六樂者，一變而致羽物，及川澤之示；再變而致蠃物，及山林之示；三變而致鱗物，及丘陵之示；四變而致毛物，及墳衍之示；五變而致介物，及土示；六變而致象物，及天神。

凡樂，圜鐘爲宫，黄鐘爲角，大蔟爲徵，姑洗爲羽，靁鼓靁鼗，孤竹之管，雲和之琴瑟，《雲門》之舞。冬日至，於地上之圜丘奏之，若樂六變，則天神皆降，可得而禮矣。凡樂，函鐘爲宫，大蔟爲角，姑洗爲徵，南吕爲羽，靈鼓靈鼗，孫竹之管，空桑之琴瑟，《咸池》之舞，夏日至，於澤中之方丘奏之，若樂八變，則地示皆出，可得而禮矣。凡樂，黄鐘爲宫，大吕爲角，大蔟爲徵，應鐘爲羽，路鼓路鼗，陰竹之管，龍門之琴瑟，《九德》之歌，《九磬》之舞，於宗廟之中奏之，若樂九變，則人鬼可得而禮矣。

凡樂事大祭祀宿縣，遂以聲展之。王出入則令奏《王夏》，尸出入則令奏《肆夏》，牲出入則令奏《昭夏》。帥國子而舞。大饗不入牲，其他皆如祭祀。大射，王出入令奏《王夏》，及射，令奏《騶虞》；詔諸侯以弓矢舞。王大食，三宥，皆令奏鐘鼓。王師大獻，則令奏愷樂。凡日月食，四鎮、五嶽崩，大傀異災，諸侯薨，令去樂。大札、大凶、大災、大臣死，凡國之大憂，令弛縣。凡建國，禁其淫聲、過聲、凶聲、慢聲。大喪，涖廞樂器；及葬，藏樂器，亦如之。

【译文】

大司乐的职责是掌管大学的法规，以治理国家的教育，把国子们都集中在大学里让他们接受教育。凡是有才能的人、有道德的人，就请他们来大学执教；死后则尊他们为先师，并在瞽宗里祭祀他们。以乐的六种德行教育国子忠、和、祇、庸、孝、友。以乐的六种达意技巧教育国子兴、导、讽、诵、言、语。以六代乐舞教育国子：《云门》、《大卷》、《大咸》、《大韶》、《大夏》、《大濩》、《大武》。用六律、六同、五声、八音、六舞进行大规模的联合演奏，以感召天神、地祇、人鬼，以亲善邦国，以和谐万民，以使宾至如归，以使边远的少数民族乐于归附，以使百兽起舞。于是将六代乐舞按其尊卑顺序分而用之，用以祀天神，用以祭地祇，用以享人鬼。于是堂下奏起以黄

钟调为基音的乐曲，堂上唱起以大吕调为基音的诗歌，跳起《云门》之舞，用来祭祀天神； 堂下奏起以大蔟调为基音的乐曲，堂上唱起以应钟调为基音的诗歌，跳起《咸池》之舞，用来祭祀地祇； 堂下奏起以姑洗调为基音的乐曲，堂上唱起以南吕调为基音的诗歌，跳起《大韶》之舞，用来祭祀四望； 堂下奏起以蕤宾调为基音的乐曲，堂上唱起以林钟调为基音的诗歌，跳起《大夏》之舞，用来祭祀山川； 堂下奏起以夷则调为基音的乐曲，堂上唱起以中吕调为基音的诗歌，跳起《大濩》之舞，用来祭祀国母姜嫄； 堂下奏起以无射调为基音的乐曲，堂上唱起以夹钟调为基音的诗歌，跳起《大武》之舞，用来祭祀先祖。 上述的六代乐舞在表演时，既有五声的错综变化，又有八音的播扬。 上述的六代乐舞，演奏一遍，就感召来了鸟类和川泽之神； 演奏两遍，就感召来了短毛的兽类和山林之神； 演奏三遍，就感召来了鱼类和丘陵之神； 演奏四遍，就感召来了长有细毛的动物和坟衍之神； 演奏五遍，就感召来了有甲壳的动物和土神； 演奏六遍，就感召来了麟凤龟龙和天神。

凡是演奏，如果以夹钟所定的宫音，以黄钟所定的角音，以大蔟所定的徵音，以姑洗所定的羽音，为演奏定下基调，使用雷鼓雷鼗，使用以独生竹子制成的管乐器，使用以云和山上的良木制成的琴瑟，跳起《云门》之舞。 冬至那一天，在国都南郊的圜丘一齐演奏起来，如果演奏六遍，就会吸引天神纷纷下降，这时候就可以向天神行祭祀之礼了。 凡是演奏，如果以林钟所定的宫音，大蔟所定的角音，姑洗所定的徵音，南吕所定的羽音，为演奏定下基调，使用灵鼓灵鼗，使用用根部发叉的竹子制成的管乐器，使用以空桑山上的良木制成的琴瑟，跳起《咸池》之舞； 夏至那一天，在国都北郊的方丘一齐演奏起来，如果演奏八遍，就会吸引地祇纷纷冒出，这时候就可以向地祇行祭祀之礼了。 凡是演奏，如果以黄钟所定的宫音，大吕所定的角音，大蔟所定的徵音，应钟所定的羽音，为演奏定下基调，使用路鼓路鼗，使用以生在山北的竹子制成的管乐器，使用以龙门山上的良木制成的琴瑟，奏起《九德》之歌，跳起《九韶》之舞，在宗庙之中一齐演奏起来，如果演奏九遍，就会吸引人鬼纷纷降临，这时候就可以向人鬼行祭祀之礼了。

凡涉及演奏方面的事大祭祀时，负责在祭祀的前夜把宫悬悬挂起来，先叩击试听其声，检查有无缺损。 天子出入庙门时就下令演奏乐曲《王夏》，尸出入庙门时就下令演奏乐曲《肆夏》，牲出入时就下令演奏《昭夏》，率领国子翩翩起舞。 大飨宾客时，没有牲出入的礼节，但其他环节的演奏乐曲都和祭祀一样。 举行大射礼时，天子出入辟雍就下令奏乐曲《王夏》，等到天子射箭时则下令奏乐章《驺虞》，告知参加大射的诸侯手持弓矢而舞。 每逢初一、十五天子进膳时，三次劝食，都要下令奏乐。 王师大捷，在宗庙向列祖列宗呈献战利品时，就下令奏起胜利凯旋的乐曲。 每逢日食、月食，四镇、五岳发生山崩，天地奇变，诸侯去世，就下令将乐器撤掉并收藏起来。 遇到疾疫流行、荒年、水火灾害、大臣去世，诸如此类的国家不幸，就下令把宫悬暂时取下。 不论是建立王国或是诸侯国，一律禁止演奏黄色乐曲，禁止演奏过于哀伤和过于欢乐的乐曲，禁止演奏不祥的亡国之曲，禁止演奏惰慢不恭的乐曲。 遇到天子或王后、太子去世，要亲自前去陈列作

为明器使用的乐器；等到下棺入圹，须要把这些乐器藏于椁中时，也是这样。

【原文】

樂師

樂師掌國學之政，以教國子小舞。凡舞，有帗舞，有羽舞，有皇舞，有旄舞，有干舞，有人舞。教樂儀：行以《肆夏》，趨以《採薺》，車亦如之。環拜，以鐘鼓爲節。凡射，王以《騶虞》爲節，諸侯以《狸首》爲節，大夫以《採蘋》爲節，士以《採蘩》爲節。凡樂掌其序事，治其樂政。凡國之小事用樂者，令奏鐘鼓。凡樂成，則告備。詔來瞽詔臯舞；及徹，帥學士而歌徹，令相。饗、食諸侯，序其樂事，令奏鐘鼓，令相，如祭之儀。燕射，帥射夫以弓矢舞。樂出入，令奏鐘鼓。凡軍大獻，教愷歌，遂倡之。凡喪，陳樂器，則帥樂官；及序哭，亦如之。凡樂官，掌其政令，聽其治訟。

【译文】

乐师的职责是掌管小学的事务，以教育国子学习小舞。小舞的种类有六：有帗舞，有羽舞，有皇舞，有旄舞，有干舞，有人舞。负责教天子按照乐曲的节奏走路的礼仪：天子徐徐行走时要合乎《肆夏》的节奏，快步行走时要合乎《采荠》的节奏，乘车出行时也是这样。或向后转，或左右拐弯，或下拜行礼，都要合乎钟鼓的节拍。凡是射箭的场合：天子射箭，要奏《驺虞》为之伴奏；诸侯射箭，要奏《狸首》为之伴奏；卿大夫射箭，要奏《采苹》为之伴奏；士射箭，要奏《采蘩》为之伴奏。凡是演奏之事，掌管乐器的布置以及各个演奏环节前后次序的安排，负责处理演奏中出现的问题。凡是国家的小祭祀须要用乐的，就下令奏钟鼓。凡是演奏结束，就要向天子报告演奏完毕。负责通知视瞭，让他扶着负责讽诵诗歌的瞽师进来，还要告诉应该跳舞的国子跳起来。等到祭末撤除祭品时，要率领国子唱歌以使神高兴。然后命令视瞭把瞽师搀扶出去。天子设宴招待诸侯时，负责乐器的具体布置以及演奏各个环节前后顺序的安排，负责指挥奏钟鼓，负责指挥什么时候让把瞽师搀进来，什么时候让把瞽师扶出去，这一切都和祭祀礼仪中的做法一样。天子与群臣燕射时，要率领众射者手持弓矢而舞。凡是吹笙、唱歌、跳舞的演员进场出场时，要下令奏钟鼓为之伴奏。凡是军队取得胜利后向祖庙献捷，要预先教会瞽师唱凯歌，到时候还要负责领唱。每逢王家办理丧事，需要陈设作为明器的乐器时，就要率领乐官前往。等到这些乐器要入圹、代替天子哭泣时，也是这样。凡是音乐系统的官员，他们的政令都由乐师掌管，如果发生争讼，乐师负责听断。

【原文】

大胥

大胥掌學士之版，以待致諸子。春，入學，舍采，合舞。秋，頒學，合聲。以六樂之會正舞位，以序出入舞者，比樂官，展樂器。凡祭祀之用樂

宫、商、角、徵、羽五声依次搭配，都要用金、石、土、革、丝、木、匏、竹八类乐器吹奏成动听的乐曲。教导瞽矇掌握《诗》的六义：风、赋、比、兴、雅、颂。受教育者必须以六种德行作为立身之本，施教者必须以六律测定受教者适合唱什么样的声音。每逢大的祭祀，率领手下的瞽矇登堂歌诗，大师击拊，就是命令瞽矇歌诗的信号；然后笙师率领其手下在堂下用管乐器吹奏乐曲，堂下的其他乐器也都奏起来，而大师击𢅥，就是命令笙师吹奏的信号。天子设宴招待诸侯奏乐时，大师的职责和在大祭祀时一样。天子举行大射礼时，要率领瞽矇在堂下歌诗，作为射箭的伴奏。天子率军出征，大师要吹动律管以听将士的呼声，从而测知出师的吉凶并报告天子。凡是天子或王后、太子去世，要率领瞽矇陈设作为明器使用的乐器；出葬那天起灵时，负责进上谥号。凡是国中的瞽矇都要听从大师的指挥。

小 師

【原文】

小師掌教鼓、鼗、柷、敔、塤、簫、管、絃、歌。大祭祀，登歌，擊拊；下管，擊應鼓；徹，歌。大饗亦如之。大喪，與廞。凡小祭祀、小樂事，鼓𢅥。掌六樂聲音之節與其和。

【译文】

小师的职责是掌管教导瞽矇吹奏鼗、柷、敔、埙、箫、管、琴瑟以及歌诗。大祭祀时，击拊，作为指挥瞽矇登堂歌诗的信号；然后敲击应鼓，作为指挥笙师率领其手下在堂下用管乐器吹奏乐曲的信号；祭毕撤除祭品时，率领瞽矇歌唱《雍》诗。设宴招待来朝诸侯时，也是这样。凡是天子或王后、太子去世，要协助大师陈设作为明器使用的乐器。凡是小祭祀、小型的演奏，负责击𢅥。负责辨别六代乐舞的音乐节奏并使之与舞蹈的动作协调。

瞽 矇

【原文】

瞽矇掌播鼗、柷、敔、塤、簫、管、絃、歌，諷誦詩、世奠繫，鼓琴瑟。掌《九德》、六詩之歌，以役大師。

【译文】

瞽矇的职责是掌管吹奏鼗、柷、敔、埙、箫、管、琴瑟以及随着琴瑟的伴奏而歌诗。负责朗诵诗歌以讽刺天子的过失，朗诵帝王家谱以劝诫天子，与此同时，弹着琴奏着瑟以表示对嘉言懿行的赞美。负责演唱《九德》、六诗之歌，以备大师役使。

眡 瞭

【原文】

眡瞭掌凡樂事播鼗，擊頌磬、笙磬。掌大師之縣。凡樂事，相瞽。大

者，以鼓徵學士。序宮中之事。

【译文】

大胥的职责是掌管学习舞蹈的卿大夫士之子的花名册，以备按此名册召集他们学习舞蹈。春天召集他们入学，举行释菜礼，教导他们练习舞蹈，使之整齐划一，合乎节奏；秋天，分别他们学习成绩的好坏，教导他们练习吹奏，也要使之整齐划一，合乎节奏。以六代乐舞的乐与舞的紧密配合来正定舞位，以长幼为先后安排舞者的出入次序，考校乐官的优劣，随时检查乐器有无损坏缺少。凡是祭祀需要用乐的场合，就击鼓召集学士。负责安排好学宫中的教乐之事。

小胥

【原文】

小胥掌學士之徵令而比之，觵其不敬者，巡舞列而撻其怠慢者。正樂縣之位，王宮縣，諸侯軒縣，卿大夫判縣，士特縣。辨其聲。凡縣鐘磬，半爲堵，全爲肆。

【译文】

小胥的职责是掌管协助大胥召集学习舞蹈的卿大夫之子，考查人数是否到齐，对于迟到的人，用觵爵罚他喝罚酒。巡视舞者的队列，用教鞭抽打那些练习怠慢者。负责校正乐悬的使用等级：天子的乐悬是堂下四面都有，谓之宫悬；诸侯的乐悬是东西北三面都有，谓之轩悬；卿大夫的乐悬只是东西两面设有，谓之判悬；士的乐悬只是东面一面设有，谓之特悬。小胥还负责校正乐悬的声音。凡是悬挂钟磬，如果在一个支架上只悬挂十六枚钟或十六枚磬，只有一样，就叫做堵；如果在一个支架上悬挂十六枚钟，另一个支架上悬挂十六枚磬，二者都有，就叫做肆。

大師

【原文】

大師掌六律、六同，以合陰陽之聲。陽聲：黄鐘、大蔟、姑洗、蕤賓、夷則、無射；陰聲：大吕、應鐘、南吕、函鐘、小吕、夾鐘。皆文之以五聲：宫、商、角、徵、羽；皆播之以八音：金、石、土、革、絲、木、匏、竹。教六詩：曰風，曰賦，曰比，曰興，曰雅，曰頌。以六德爲之本，以六律爲之音。大祭祀，帥瞽登歌，令奏擊拊；下管播樂器，令奏鼓㡊。大饗亦如之。大射，帥瞽而歌射節。大師，執同律以聽軍聲，而詔吉凶。大喪，帥瞽而廞，作匶，謚。凡國之瞽矇，正焉。

【译文】

大师的职责是掌管审定六律、六吕，以调和阴阳之声。阳声是：黄钟、大蔟、姑洗、蕤宾、夷则、无射；阴声是：大吕、应钟、南吕、函钟、小吕、夹钟。不管是阳声还是阴声，都要分别和

喪，廞樂器。大旅亦如之。賓射，皆奏其鐘鼓。鼜、愷獻，亦如之。

【译文】

视瞭的职责是凡有演奏，就负责摇动鼗鼓，敲击颂磬、笙磬。负责悬挂应当由大师悬挂的乐器。凡有演奏之事，负责搀扶瞽矇。遇到天子或王后、太子去世，负责陈设作为明器使用的乐器，旅祭上帝时也是这样。天子与来朝诸侯比赛射箭时，负责击奏钟鼓。夜间警戒守备的鼓、向祖庙献捷所奏凯旋乐曲中的钟鼓，也由视瞭负责击奏。

典同

【原文】

典同掌六律、六同之和，以辨天地、四方、陰陽之聲，以爲樂器。凡聲：高聲䃂，正聲緩，下聲肆，陂聲散，險聲斂，達聲贏，微聲韽，回聲衍，侈聲筰，弇聲鬱，薄聲甄，厚聲石。凡爲樂器，以十有二律爲之數度，以十有二聲爲之齊量。凡和樂亦如之。

【译文】

典同的职责是掌管六律、六同的协调，以辨别天地、四方、阴阳之声，以制作乐器。大凡钟声：如果钟的上部口径过大，发出的声音就不响亮；如果钟的口径上部下部同样大，发出的声音就缓慢凝滞；如果钟的下部口径过大，发出的声音就放肆外出而略无余韵；如果钟形一边偏大，发出的声音就离散而不内聚；如果钟口有一边向里歪，发出的声音就内敛而不外扬；如果钟形有点偏大，发出的声音就洪大有余；如果钟形有点偏小，发出的声音就微弱无力；如果钟形不圆，发出的声音就尾声拖长而轻重节奏不明；如果钟的中央部分口径偏小，发出的声音就狭窄细长；如果钟的中央部分口径偏大，发出的声音就抑郁不扬；如果钟壁偏薄，发出的声音就震颤动摇；如果钟壁偏厚，发出的声音就像敲打石头一样。凡制作乐器，以钟的十二律校定其长度宽度，以钟的十二声校定其容纳的剂量是否合乎要求。凡调整旧有的乐器也是这样。

磬師

【原文】

磬師掌教擊磬、擊編鐘。教縵樂、燕樂之鐘磬。凡祭祀，奏縵樂。

【译文】

磬师的职责是负责教导视瞭敲击特磬及编磬，教导视瞭敲击编钟。教导他们敲击缦乐、燕乐中的钟磬。每逢祭祀，负责演奏缦乐。

鐘師

【原文】

鐘師掌金奏。凡樂事，以鐘鼓奏《九夏》：《王夏》、《肆夏》、《昭夏》、《納夏》、《章夏》、《齊夏》、《族夏》、《祴夏》、《驁夏》。凡祭祀、饗食，奏燕

樂。凡射，王奏《騶虞》，諸侯奏《狸首》，卿大夫奏《採蘋》，士奏《採蘩》。掌鼙，鼓縵樂。

【译文】

钟师的职责是负责敲击钟镈，以为演奏的开端。凡有演奏之事，负责用钟鼓演奏九《夏》：《王夏》、《肆夏》、《昭夏》、《纳夏》、《章夏》、《齐夏》、《族夏》、《祴夏》、《骜夏》。每逢祭祀和设宴招待诸侯，负责演奏燕乐。凡举行射礼，天子射箭时为之奏《驺虞》，诸侯射箭时为之奏《狸首》，卿大夫射箭时为之奏《采苹》，士射箭时为之奏《采蘩》。磬师演奏缦乐时

【原文】

笙師

笙師掌教龡竽、笙、塤、籥、簫、篪、篴、管，舂牘、應、雅，以教《祴》樂。凡祭祀、饗、射，共其鐘笙之樂，燕樂亦如之。大喪，廞其樂器；及葬，奉而藏之。大旅，則陳之。

【译文】

笙师的职责是负责教导视瞭吹竽、笙、埙、籥、箫、篪、篴、管，教他们以椟、应、雅捣地发声，以配合《祴夏》乐曲。凡举行祭祀、设宴招待宾客、举行射礼，负责提供与钟声相应的笙乐。演奏燕乐时也是这样。遇到天子或王后、太子去世，负责陈设作为明器使用的竽笙等乐器；等到下

葬的时候，把这些乐器送到墓地并藏于椁中。旅祭上帝时，则只负责陈设所掌乐器。

【原文】

鎛師

鎛師掌金奏之鼓。凡祭祀，鼓其金奏之樂。饗食、賓射亦如之。軍大獻，則鼓其愷樂。凡軍之夜三鼜，皆鼓之；守鼜亦如之。大喪，廞其樂器，奉而藏之。

【译文】

镈师的职责是负责敲击晋鼓以与金奏之声相和。每逢祭祀，均负责在金奏时敲击晋鼓；设宴招待宾客、与宾客比射时也是这样。王师大捷，在宗庙向列祖列宗呈献战利品时，就敲击晋鼓与凯旋乐曲相和。军旅之中，一夜要敲三遍警戒守备的鼓，都由镈师负责敲击；平时王宫中巡夜警戒的鼓，也由镈师如此来敲。遇到天子或王后、太子去世，要将自己所用的乐器制成明器陈设出来，并负责送到墓地藏入椁中。

【原文】

韎師

韎師掌教韎樂。祭祀，則帥其屬而舞之。大饗亦如之。

【译文】

韎师的职责是掌管教练东夷之乐。遇到祭祀，就率领其部下前去跳东夷之舞。大飨时也是这样。

旄人

【原文】

旄人掌教舞散樂、舞夷樂。凡四方之以舞仕者屬焉。凡祭祀、賓客，舞其燕樂。

【译文】

旄人的职责是掌管教练如何跳散乐的舞蹈、如何跳少数民族的舞蹈。凡是能够跳四方少数民族舞蹈的人都归他管。每逢祭祀、设宴招待宾客，在演奏燕乐时，就让会跳少数民族舞蹈的舞士跳起来。

籥師

【原文】

籥師掌教國子舞羽歈籥。祭祀，則鼓羽籥之舞。賓客、饗食，則亦如之。大喪，廞其樂器，奉而藏之。

【译文】

籥师的职责是掌管教导国子跳文舞时右手持羽左手吹籥。每逢祭祀，当舞者跳文舞时，负责击鼓为之节拍。凡设宴招待宾客，也是这样。遇到天子或王后、太子去世，就要将自己所掌管的乐器作为明器陈设出来，并负责送到墓地藏入椁中。

籥章

【原文】

籥章掌土鼓、豳籥。中春，晝擊土鼓，歈《豳》詩，以逆暑。中秋，夜迎寒亦如之。凡國祈年於田祖，歈《豳》雅，擊土鼓，以樂田畯。國祭蜡，則歈《豳》頌，擊土鼓，以息老物。

【译文】

籥章的职责是掌管土鼓与豳籥这两种乐器。每年的仲春，在白天敲击土鼓，用苇籥吹奏《七月》之诗，吹出豳地的乡土之音，以祭祀司暑之神。每年的仲秋，在夜间祭祀司寒之神时也是这样。每逢国家祭祀田祖以祈求丰年时，要用苇籥吹奏《七月》之诗，吹出王畿的雅正之音，敲击土鼓，使田畯之神感到快乐。每逢国家举行蜡祭时，就要用苇籥吹奏《七月》之诗，吹出宫庙大乐的赞颂之音，敲击土鼓，祭祀那些为助成农事而衰老的万物，同时也使操劳一年的农夫得到暂时的休息。

【原文】

鞮鞻氏

鞮鞻氏掌四夷之樂與其聲歌。祭祀，則歙而歌之。燕亦如之。

【译文】

鞮鞻氏的职责是掌管四方少数民族的舞蹈及其声歌。祭祀时，就以管籥吹奏之，歌唱之。宴饮时也是这样。

【原文】

典庸器

典庸器掌藏樂器、庸器。及祭祀，帥其屬而設筍虡，陳庸器。饗食、賓射亦如之。大喪，廞筍虡。

【译文】

典庸器的职责是掌管收藏乐器和庸器。祭祀的前夕，要率领其部下陈设筍虡，陈设庸器。天子设宴招待来朝诸侯时、与诸侯比射时也是这样。遇到天子或王后、太子去世，陈设筍虡。

【原文】

司干

司干掌舞器。祭祀，舞者既陳，則授舞器，既舞則受之。賓饗亦如之。

大喪，廞舞器；及葬，奉而藏之。

【译文】

司干的职责是掌管舞具。祭祀，舞者已经各就各位，就向舞者发放舞具，舞毕则收回。设宴招待宾客时的跳舞也是这样。遇到天子或王后、太子去世，要陈设作为明器使用的舞具；等到下葬时，要把这些舞具小心地送往墓地并且藏入椁中。

【原文】

大卜

大卜掌三兆之灋：一曰《玉兆》，二曰《瓦兆》，三曰《原兆》。其經兆之體，皆百有二十，其頌皆千有二百。掌三《易》之灋：一曰《連山》，二曰《歸藏》，三曰《周易》。其經卦皆八，其別皆六十有四。掌三夢之灋：一曰《致夢》，二曰《觭夢》，三曰《咸陟》。其經運十，其別九十。以邦事作龜之八命：一曰征，二曰象，三曰與，四曰謀，五曰果，六曰至，七曰雨，八曰瘳。以八命者贊三兆、三《易》、三夢之占，以觀國家之吉凶，以詔救政。凡國大貞，卜立君，卜大封，則眡高作龜。大祭祀，則眡高命龜。凡小事，涖卜。國大遷，大師，則貞龜。凡旅，陳龜。凡喪事，命龜。

【译文】

大卜的职责是掌管三种根据兆象以卜问的方法：第一种叫《玉兆》，第二种叫《瓦兆》，第三种叫《原兆》。每种卜问方法的基本兆象，都是一百二十种，而这些兆象的占辞都是一千二百条。掌管三种根据蓍草变易之数以占筮的方法：第一种叫《连山》，第二种叫《归藏》，第三种叫《周易》。每种占筮方法的基本卦象都是八个，在这八个基本卦象的基础上又都派生为六十四卦。掌管三种占梦的方法：第一种叫《致梦》，第二种叫《觭梦》，第三种叫《咸陟》。每种占梦方法的基本篇数都是十篇，在此十篇的基础上又都派生为九十篇。对国家大事进行龟卜时，有八个方面需要制作命辞：一是宜于出师征伐否，二是上天垂象主何吉凶，三是宜于参与其事否，四是谋议可行与否，五是事情的结果如何，六是其人来否，七是下不下雨，八是疾病能否痊愈。以此八个方面的命辞，佐助三兆、三《易》、三梦的占卜，从而看出国家的吉凶，如果是凶，还要告诉天子在政事上应如何进行补救。每逢国家有大事向龟卜问：卜问立君之事，卜问分封诸侯之事，则负责向大宗伯指出龟的腹甲上高起的当灼之处，并且以火灼之。大祭祀的卜日，则负责向大宗伯指出龟的腹甲上高起的当灼之处，并将所卜之事告龟。凡卜问小的事情，则亲临主持其事。国家如果有大规模的迁徙、大规模的军事行动，则负责把龟甲端正地放在卜位上。每逢旅祭，则负责陈设龟甲。每逢丧事，则负责将所卜之事告龟。

【原文】

卜師

卜師掌開龜之四兆：一曰《方兆》，二曰《功兆》，三曰《義兆》，四曰《弓兆》。凡卜事，眡高。揚火以作龜，致其墨。凡卜，辨龜之上、下、左、右、陰、陽，以授命龜者而詔相之。

【译文】

卜师的职责是掌管开发龟的四兆：一是《方兆》，二是《功兆》，三是《义兆》，四是《弓兆》。凡有向龟卜问之事，则负责向主持卜问的上级官员指出龟的腹甲上高起的当灼之处，并以猛火烧灼龟甲，以得到粗大的裂纹。凡有用龟卜问之事，辨别龟甲形状的上仰、下俯、左侧、右侧、后长、前长，将该用的龟甲交给命龟的人，并告以命龟之词及命龟的礼仪。

【原文】

龜人

龜人掌六龜之屬，各有名物。天龜曰靈屬，地龜曰繹屬，東龜曰果屬，西龜曰靁屬，南龜曰獵屬，北龜曰若屬。各以其方之色與其體辨之。凡取龜用秋時，攻龜用春時，各以其物入於龜室。上春釁龜，祭祀先卜。若有祭事，則奉龜以往。旅亦如之，喪亦如之。

【译文】

簭人的职责是掌管三种占筮的方法，以辨别九项占筮的名称。三种占筮的方法：第一种叫做《连山》，第二种叫做《归藏》，第三种叫做《周易》。九项占筮的名称：第一项叫做筮更，第二项叫做筮咸，第三项叫做筮式，第四项叫做筮目，第五项叫做筮易，第六项叫做筮比，第七项叫做筮祠，第八项叫做筮参，第九项叫做筮环。用以判断吉凶。每年的初春，要检查一下蓍草有无缺损，及时更换补充。凡国事须要占筮，负责提供蓍草。

占夢

【原文】

占夢掌其歲時觀天地之會，辨陰陽之氣。以日月星辰占六夢之吉凶：一曰正夢，二曰噩夢，三曰思夢，四曰寤夢，五曰喜夢，六曰懼夢。季冬，聘王夢，獻吉夢於王，王拜而受之。乃舍萌於四方，以贈惡夢，遂令始難驅疫。

【译文】

占梦的职责是掌管根据做梦时的年月观察日月所会之次，辨别五行的相生相克，参考日月星辰的运行交会，来判断六梦的吉凶：第一种梦叫做正梦，第二种梦叫做噩梦，第三种梦叫做思梦，第四种梦叫做寤梦，第五种梦叫做喜梦，第六种梦叫做惧梦。冬季的最后一个月，要为天子祈求来年的吉梦，并且把本年度的所有吉梦献给天子，天子则郑重其事地拜而接受。于是在四方举行释菜之礼，以求送走噩梦，于是令方相氏消除不祥，赶走带来疾疫的疠鬼。

眂祲

【原文】

眂祲：掌十煇之灋，以觀妖祥，辨吉凶。一曰祲，二曰象，三曰鑴，四曰監，五曰闇，六曰瞢，七曰彌，八曰叙，九曰隮，十曰想。掌安宅叙降。正歲則行事，歲終則弊其事。

【译文】

眂祲的职责是：掌管十种望气占验之法，以观察善恶的征兆，辨别吉凶。第一种叫做祲，第二种叫做象，第三种叫做鑴，第四种叫做监，第五种叫做闇，第六种叫做瞢，第七种叫做弥，第八种叫做叙，第九种叫做隮，第十种叫做想。掌管禳除凶祸，使民宅安宁。每年的正月就开始进行使民宅安宁之事，年底则总结一年所占之事，看看应验了多少。

大祝

【原文】

大祝掌六祝之辭，以事鬼神示，祈福祥，求永貞：一曰順祝，二曰年祝，三曰吉祝，四曰化祝，五曰瑞祝，六曰筴祝。掌六祈以同鬼神示：一曰類，

【译文】

龟人的职责是掌管六龟之类，这六种龟各自都有它的名称和颜色。天龟叫做灵属，地龟叫做绎属，东龟叫做果属，西龟叫做雷属，南龟叫做猎属，北龟叫做若属。这六种龟都按照各自所在方位的颜色及其体形来辨别。凡宰杀活龟，放在秋天；凡制作龟甲，放在春天；然后按照它们的颜色分别储藏在龟室里。每年的孟春，要杀牲用血涂抹龟甲，祭祀发明占卜的先人。若有祭祀之事，就把龟甲送到进行占卜的地方。旅祭时也是这样，办理丧事时也是这样。

菙氏

【原文】

菙氏掌共燋、契，以待卜事。凡卜，以明火爇燋，遂龡其焌契，以授卜師，遂役之。

【译文】

菙氏的职责是掌管提供引火的火炬和灼龟用的荆木棍，以备用龟卜问时之需。凡是用龟卜问时，先以明火点燃引火的火炬，然后把灼龟用的荆木棍架在火炬上，用嘴吹火使荆木棍燃烧，再把燃烧的荆木棍递给卜师，让他灼龟，而当卜师灼龟时，还要充当其助手。

占人

【原文】

占人掌占龜，以八簭占八頌，以八卦占簭之八故，以眡吉凶。凡卜筮，君占體，大夫占色，史占墨，卜人占坼。凡卜簭既事，則繫幣以比其命。歲終，則計其占之中否。

【译文】

占人的职责是掌管用龟占卜和用蓍草占筮，在对八个方面的国家大事将要进行占卜之前，要先用蓍草进行占筮，并审视筮辞；如果对这八个方面的国家大事不用占卜而只用占筮，那就还要用八卦来进一步占问，以判断吉凶。每逢用龟占卜，国君负责审视兆象的吉凶，大夫负责审视兆气的善恶，太史负责审视粗大裂纹的大小，卜人负责审视细小裂纹的明显程度。每逢卜筮完毕，史官一定要把命龟之词与兆象记录在简策上，并系上礼神的礼品，以对照命龟之词是否应验。每到年终，就要统计一下占卜灵验的和不灵验的各有多少。

簭人

【原文】

簭人掌三《易》，以辨九簭之名：一曰《連山》，二曰《歸藏》，三曰《周易》。九簭之名，一曰巫更，二曰巫咸，三曰巫式，四曰巫目，五曰巫易，六曰巫比，七曰巫祠，八曰巫參，九曰巫環：以辨吉凶。凡國之大事，先簭而後卜。上春，相簭。凡國事，共簭。

二曰造，三曰禬，四曰禜，五曰攻，六曰説。作六辭，以通上下、親疏、遠近：一曰祠，二曰命，三曰誥，四曰會，五曰禱，六曰誄。辨六號：一曰神號，二曰鬼號，三曰示號，四曰牲號，五曰齍號，六曰幣號。辨九祭：一曰命祭，二曰衍祭，三曰炮祭，四曰周祭，五曰振祭，六曰擩祭，七曰絶祭，八曰繚祭，九曰共祭。辨九𢷎：一曰稽首，二曰頓首，三曰空首，四曰振動，五曰吉𢷎，六曰凶𢷎，七曰奇𢷎，八曰褒𢷎，九曰肅𢷎，以享右祭祀。凡大禋祀、肆享、祭示，則執明水、火而號祝。隋衅、逆牲、逆尸，令鐘鼓，右亦如之。來瞽，令皋舞，相尸禮。既祭，令徹。大喪，始崩，以肆鬯渳尸，相飯，贊斂，徹奠，言甸人讀禱；付、練、祥，掌國事。國有大故、天災，彌祀社稷，禱祠。大師，宜於社，造於祖，設軍社，類上帝，國將有事於四望，及軍歸獻於社，則前祝。大會同，造於廟，宜於社。過大山川，則用事焉。反行，舍奠。建邦國，先告后土，用牲幣。禁督逆祀命者。頒祭號於邦國、都鄙。

【译文】

大祝的职责是掌管六祝的祝辞，以事奉天神、地祇、人鬼，祈求多福，祈求永远吉利：一是顺祝，二是年祝，三是吉祝，四是化祝，五是瑞祝，六是策祝。掌管六种祈祷之祭，以协调人和天神、地祇、人鬼的关系：一是类祭，二是造祭，三是禬祭，四是禜祭，五是攻祭，六是说祭。掌管制作六种文辞，以沟通上下、亲疏、远近之间的人际关系：一是互相交接时的文辞，二是外交辞令，三是以上告下的文告，四是会同盟誓之辞，五是庆贺祝福之辞，六是概括死者生平以表示哀悼之辞。辨别六种事物的美称：一是对天神的美称，二是对人鬼的美称，三是对地祇的美称，四是对牺牲的美称，五是对粢盛的美称，六是对礼币的美称。辨别九种食前之祭：一是命祭，二是延祭，三是包祭，四是周祭，五是振祭，六是擩祭，七是绝祭，八是缭祭，九是共祭。辨别九种跪拜的礼节：一是稽首，二是顿首，三是空首，四是振动，五是吉拜，六是凶拜，七是奇拜，八是褒拜，九是肃拜，用以向列祖列宗进献祭品，用以劝尸进食，用以祭祀天神地祇。凡是祀天神、享人鬼、祭地祇，则手执明水、明火并以祭品的美号向神祝告。当祀天神、享人鬼、祭地祇进行到荐血、迎牲、迎尸等环节时，命令钟师等官敲钟击鼓演奏《九夏》，劝尸进食时也是这样。呼喊升堂唱歌的瞽人进来，呼喊跳舞的学生进来，在尸身旁教导他如何行礼。祭祀结束，下令撤去祭器、祭品。天子去世，刚刚驾崩时，则以郁鬯香酒浴尸，指点辅佐饭含，赞助小殓、大殓，依次撤去始死之奠、小殓之奠与大殓之奠；既殡之后，为死者制作祈祷之辞，并告诉甸人使之宣读；到了祔祭、练祭、大祥时，则帮助指教有关的礼仪。如果国家发生重大变故和天灾，就要祭祀社稷，并举行祈祷之祭，事后则要举行还愿之祭。天子率领大军出征，要告祭于地，要到祖庙去举行告祭，要设立军社，要类祭上帝，国家将遥祭四方的名山大川，以及凯旋班师献捷于社，大祝都要在祭祀这些神灵之前，先以祝辞告之。遇到大会同，天子要到祖庙去举行告祭，要告祭于地，经过

大山大川，也要举行祭祀；回来以后，还要举行释奠之礼，大祝也要在祭祀这些神灵之前，先以祝辞告之。天子分封诸侯，大宗伯负责事先告祭后土，而大祝则负责祭祀所用的牲币。负责禁止并纠正诸侯中的违背祀典者。向邦国都鄙颁发祭祀所用的六种美称。

小祝

【原文】

小祝掌小祭祀，將事侯、禳、禱、祠之祝號，以祈福祥，順豐年，逆時雨，寧風旱，彌災兵，遠辠疾。大祭祀，逆齍盛，送逆尸，沃尸盥，贊隋，贊徹，贊奠。凡事佐大祝。大喪，贊渳，設熬，置銘。及葬設道齎之奠，分禱五祀。大師，掌釁祈號祝。有寇戎之事，則保郊祀於社。凡外内小祭祀、小喪紀、小會同、小軍旅，掌事焉。

【译文】

小祝的职责是掌管在小祭祀侯、禳、祷、祠时行六祝六号之事，以祈求多福，祈求丰年，祈求雨顺，消除风旱，消除灾祸兵乱，消除罪戾疾病。大祭祀，协助小宗伯接受粢盛，迎尸，送尸，给尸浇水洗手，协助尸隋祭，协助大祝下令撤去豆笾，协助大祝放置尸用之爵。凡大祝做事，小祝都要在一旁协助。天子去世，要协助大祝浴尸，在棺材旁边放上炒熟的谷物，置铭；等到出葬，要设置路祭，将牲体分为五份以祭五祀。天子率领大军出征，则负责衅鼓，在祈祷仪式上宣读祝辞。如果发生敌寇侵犯之事，就要保卫位于四郊的群神坛域，保卫社，并举行祈祷之祭。凡里里外外的小的祭祀、小的丧事、小的会同以及小的军事活动，皆由小祝负责其事。

喪祝

【原文】

喪祝掌大喪勸防之事。及辟，令啓。及朝，御匶，乃奠。及祖，飾棺，乃載，遂御之。及葬，御匶，出宫乃代。及壙，説載，除飾。小喪亦如之。掌喪祭祝號。王弔，則與巫前。掌勝國邑之社稷之祝號，以祭祀禱祠焉。凡卿大夫之喪，掌事，而斂飾棺焉。

【译文】

丧祝的职责是掌管大丧出葬时走在柩车前面，一则劝勉众人引柩用力，二则指挥执披者小心谨慎，防备灵柩倾斜。到了要除去棺外四周堆积的木材时，就下令启殡。到了要迁柩朝庙时，则负责指挥柩车前进，并设置迁祖奠。到了要举行祖奠时，就负责饰棺，将棺装到柩车上，执纛走在前面，指挥柩车前进。到了要出葬时，就负责指挥柩车前进，等到柩车出了祖庙以后丧祝二人才互相换班。到了墓穴，就负责将灵柩从柩车上卸下来，去掉棺饰。遇到小丧事时也是这样。掌管丧祭中的祝辞美称。如果天子到群臣家里去吊丧，就要手执茢帚与手执桃枝的巫一道走在天子的前面，以避免邪气冲撞，扫除不祥。掌管亡国国都的社稷的祝辞和美称，用以春秋祭祀，

祈祷福佑和向神还愿。凡是卿大夫的丧事，掌管其小殓、大殓和饰棺等事。

甸祝

【原文】

甸祝掌四時之田表貉之祝號，舍奠於祖廟，禰亦如之。師甸，致禽於虞中，乃屬禽。及郊，饁獸，舍奠於祖禰，乃斂禽。禂牲、禂馬，皆掌其祝號。

【译文】

甸祝的职责是掌管四时畋猎在竖有标杆之处举行祃祭时拟制祝辞及美称。出发之前要在祖庙举行释奠礼，告以将要举行畋猎。对父庙也要举行这样的释奠礼。兴师动众的大规模畋猎，兽人负责让所有参加畋猎的人把所获禽兽交到虞人所竖的旗帜下，甸祝则负责将这些禽兽分门归类。收兵来到四郊，则向四郊的群神进献所获禽兽；回到都城，则在祖庙、父庙中举行释奠礼，进献所获禽兽，并报告已经归来；这时要将所获禽兽的百分之三十送交腊人。在举行祈祷多获禽兽、祈祷马不生病之祭时，其祝辞及美称都由甸祝掌管。

詛祝

【原文】

詛祝掌盟、詛、類、造、攻、説、禬、禜之祝號。作盟、詛之載辭，以叙國之信用，以質邦國之劑信。

【译文】

诅祝的职责是掌管制作盟、诅、类、造、攻、说、禬、禜的祝辞及美称。负责将盟诅之辞记载到简策上，以表示王国的信用，以促成诸侯国对盟辞的相信就像对契约的相信。

司巫

【原文】

司巫掌羣巫之政令。若國大旱，則帥巫而舞雩。國有大災，則帥巫而造巫恆。祭祀，則共匰主及道布，及蒩館。凡祭事，守瘞。凡喪事，掌巫降之禮。

【译文】

司巫的职责是负责对群巫的管理。如果国家大旱，就率领群巫跳舞求雨。国家如果发生了重大灾祸，就率群巫去翻阅记载先辈巫师所作所为的档案而效法之。祭祀，则负责提供盛放神主的匰、供神使用的手巾以及盛放草垫的筐。凡是用埋沉的方法祭祀地祇，负责看守埋在地下的牲玉。凡是丧事，掌管下神之礼。

男巫

【原文】

男巫掌望祀、望衍授號，旁招以茅。冬堂贈，無方無算。春招弭，以除疾病。王弔，則與祝前。

【译文】

男巫的职责是掌管望祀、望延时接受诅祝所授之神的美号，以茅作旌，招呼四方所望祭之神。每年冬天，从堂上开始，以礼送走种种瘟神和带来不祥之神，神想去哪个方向，就送往哪个方向，神想去多远就送多远。每年春天，以礼招来吉祥，消除灾祸，以除疾病。如果天子到群臣家里去吊丧，就手执桃枝，与手执茗帚的丧祝一道作为前导。

女巫

【原文】

女巫掌歲時祓除、釁浴。旱暵，則舞雩。若王后弔，則與祝前。凡邦之大災，歌哭而請。

【译文】

女巫的职责是掌管在一年中的吉日良时举行祓除凶恶不祥的祭祀、用掺有香料的温水沐浴以洗掉不洁。遇到干旱，则跳舞以求雨。如果王后出去给外命妇吊丧，就要手执桃枝，与手执茗帚的女祝一道作为前导。凡是国家发生了重大灾祸，就要或者悲歌，或者号哭，藉以感动神灵而消除灾祸。

大史

【原文】

大史掌建邦之六典，以逆邦國之治；掌灋以逆官府之治；掌則以逆都鄙之治。凡辯灋者攷焉，不信者刑之。凡邦國、都鄙及萬民之有約劑者藏焉，以貳六官，六官之所登。若約劑亂，則辟灋，不信者刑之。正歲年以序事，頒之於官府及都鄙。頒告朔於邦國。閏月，詔王居門終月。大祭祀，與執事卜日。戒及宿之日，與羣執事讀禮書而協事。祭之日，執書以次位常，辯事者攷焉，不信者誅之。大會同朝覲，以書協禮事。及將幣之日，執書以詔王。大師，抱天時與大師同車。大遷國，抱灋以前。大喪，執灋以涖勸防；遣之日讀誄。凡喪事攷焉。小喪賜謚。凡射事，飾中，舍算，執其禮事。

【译文】

大史的职责是掌管建立王国的六典，代表天子接受各诸侯国完成本职工作的文书；掌管建立八法，代表天子接受官府完成本职工作的文书；掌管建立八则，代表天子接受都鄙完成本职工作的文书。凡各诸侯国、官府、都鄙因六典、八法、八则发生争执而前来要求裁决者，对于输理的一方要治罪。凡是各诸侯国、都鄙以及万民，相互之间订有契约合同者，皆一式两份，正本

送交六官，副本则交给太史收藏；而官府之间的契约合同，其正本皆藏于六官首长的衙署，另由六官写一副本送交太史。如有抵赖契约合同者，就打开收藏契约合同副本的档案库进行按验，看看哪一方说得对，对于理屈的一方要治罪。用置闰的办法来修正岁与年的时差，制定历法，使老百姓知道如何按照节气安排农活，并将此历法颁布于官府及都鄙，又将来年十二个月的朔政布告天下诸侯。每逢闰月，就通知天子整月坐在明堂门下宣布政教。大祭祀，与有关官员一道占卜吉日；在散斋和致斋的日子里，要和众多与祭祀事务有关的官员一道研读礼书，并按照礼书的要求进行演习和校录，以求万无一失。到了祭祀那天，要手执礼书来安排助祭诸臣的位置及其常行职事；如有因职事前来争讼者，则考其是非，断其曲直，对输理的一方要严厉批评。遇到大会同和诸侯朝觐，也要根据礼书进行演习和校录，以求万无一失。到了诸侯向天子献玉时，要手执礼书告诉天子应如何行礼。遇到天子亲自率军出征，要占验天象的吉凶，与通晓天道的太师同乘一车。遇到国家迁都，要抱着营造国都的图纸先走一步。遇到天子去世，要手执办理丧葬的法规亲临督察柩车的牵引及其安全的防护；举行大遣奠时，负责宣读悼辞。凡丧事中有不明白的礼数，都可以到太史那里去咨询。遇到诸侯去世，则根据天子的命令赐予谥号。凡有射箭的事，负责刷洗计分器，计算射中的筹码，掌管有关射箭的礼仪。

小史

【原文】

小史掌邦國之志，奠繫世，辨昭穆。若有事，則詔王之忌諱。大祭祀，讀禮灋，史以書叙昭穆之俎簋。大喪、大賓客、大會同、大軍旅，佐大史。凡國事之用禮灋者，掌其小事。卿大夫之喪，賜謚，讀誄。

【译文】

小史的职责是掌管王国及畿内诸侯国的史记，确定王室的族谱，辨别其中的昭穆。如果天子有事到宗庙中去祈祷，则要把先王的忌日、名讳告诉天子，以免触犯。遇到宗庙的大祭祀，当太史等人在研读礼法时，小史则要按照礼法的规定排好昭穆的次序，检察俎簋所放的位置。遇到大丧、大宾客、大会同、大军旅，凡有太史所掌礼法之事，小史皆佐助之。凡是使用礼法的国事，如果是小事，就由小史单独掌管。卿大夫去世，则由小史依据天子的命令赐予谥号，宣读悼词。

馮相氏

【原文】

馮相氏掌十有二歲，十有二月，十有二辰，十日，二十有八星之位，辨其叙事，以會天位。冬夏致日，春秋致月，以辨四時之叙。

【译文】

冯相氏的职责是掌管观测十二岁，十二月，十二辰，十日，二十八宿的位置，辨别四时依次应做的农活，以推算岁、月、辰、日、星在天会合的情况。冬至、夏至那天，立表观测日影，春分、秋分那天，立表观测月影，根据影子的适度或长短来判断四时的到来是否正常。

保章氏

【原文】

保章氏掌天星，以志星、辰、日、月之變動，以觀天下之遷，辨其吉凶。以星土辨九州之地，所封封域，皆有分星，以觀妖祥。以十有二歲之相，觀天下之妖祥。以五雲之物，辨吉凶、水旱降，豐荒之祲象。以十有二風，察天地之和，命乖別之妖祥。凡此五物者，以詔救政，訪序事。

【译文】

保章氏的职责是掌管占验天上的星象，把星象的变动和日月的交会记录下来，用以观察地上人间的变动，辨别其吉凶。以天上星宿与地上土地的对应关系辨别九州之地，就是所封诸侯国的封域，也都上应列星，用以观察善恶的预兆。根据岁星十二年运行一周天的情况，观察天下的吉凶。根据五种日旁云气的颜色，辨别其吉凶，辨别它是预兆风调雨顺的丰年还是预兆水涝干旱的荒年。根据十二种风来观察天地之气是平和还是乖戾。占验以上这五种事物的总的目

的，是用来报告天子，以便天子在政治上采取补救的措施，并谋议本年占验天象的安排。

内史

【原文】

内史掌王之八枋之灋，以詔王治：一曰爵，二曰禄，三曰廢，四曰置，五曰殺，六曰生，七曰予，八曰奪。執國灋及國令之貳，以攷政事，以逆會計。掌叙事之灋，受納訪以詔王聽治。凡命諸侯及孤卿大夫，則策命之。凡四方之事書，内史讀之。王制禄，則贊爲之，以方出之。賞賜亦如之。内史掌書王命，遂貳之。

【译文】

内史的职责是掌管天子驾驭群臣的八柄之法，用以从官内赞助教告天子的治理：第一是爵位，第二是俸禄，第三是削职为民，第四是提拔重用，第五是处以死刑，第六是赦其死罪，第七是赐予，第八是剥夺。掌管六典、八法、八则以及天子所下命令的副本，以考核邦国、官府、都鄙的政事，以接受其工作汇报，以便根据其政绩的好坏施行诛赏。掌管根据爵位的尊卑安排百官反映情况的规定，接纳百官的谋议，并转告天子作为处理政务的参考。凡是天子册命诸侯和孤卿大夫，则负责拟写加官晋爵的命令。凡是四方诸侯有事请示的奏章，内史负责给天子宣读。天子制定群臣的俸禄，内史负责起草有关文件，写在木板上发出去。天子如有对群臣的赏赐，也

是这样。内史掌管书写天子的命令，并留下副本备考。

【原文】

外史

外史掌書外令。掌四方之志，掌三皇五帝之書。掌達書名於四方。若以書使於四方，則書其令。

【译文】

外史的职责是掌管为天子撰写下达畿外的命令，并保存其副本，则掌管四方诸侯的史记，掌管三皇、五帝时的古书，掌管将文字的正确的形音义传播到四方。如果天子派遣使者携带书信出使于四方诸侯，就负责书写天子的命令，并将它交给使者。

【原文】

御史

御史掌邦國、都鄙及萬民之治令，以贊冢宰。凡治者受灋令焉。掌贊書。凡數從政者。

【译文】

御史的职责是掌管天子治理邦国、都鄙以及万民的法令，以赞助冢宰提醒天子。凡有关部门来索取涉及该部门的法令条文，就书写一份让其拿走。掌管代天子起草诏书。统计所有从政之人的在职数目和缺员数目。

【原文】

巾車

巾車掌公車之政令，辨其用與其旗物，而等叙之，以治其出入。

王之五路：玉路，鍚，樊纓十有再就，建大常，十有二斿，以祀；金路，鉤，樊纓九就，建大旂，以賓，同姓以封；象路，朱，樊纓七就，建大赤，以朝，異姓以封；革路，龍勒，條纓五就，建大白，以卽戎，以封四衛；木路，前樊鵠纓，建大麾，以田，以封蕃國。

王后之五路：重翟，鍚面，朱總；厭翟，勒面，繢總；安車，彫面，鷖總，皆有容蓋；翟車，貝面，組總，有握；輦車，組挽，有翣，羽蓋。

王之喪車五乘：木車，蒲蔽，犬複尾櫜，疏飾，小服皆疏；素車，棼蔽，犬複素飾，小服皆素；藻車，藻蔽，鹿淺複，革飾；駹車，萑蔽，然複，髹飾；漆車，藩蔽，豻複，雀飾。

服車五乘：孤乘夏篆，卿乘夏縵，大夫乘墨車，士乘棧車，庶人乘役車。

凡良車、散車不在等者，其用無常。凡車之出入，歲終則會之，凡賜闕

之。毁折入齎於職幣。大喪，飾遣車，遂廞之，行之。及葬，執蓋從車，持旌。及墓，嘑啟關，陳車。小喪，共匶路，與其飾。歲時更續，共其弊車。大祭祀，鳴鈴以應雞人。

【译文】

巾车的职责是掌管公家车辆的政令，辨别这些车辆的用途与上面所竖的旗帜而按照级别规格来依次使用，掌管车辆的派出和收回。

天子的五路是：一是玉路，马身上的装饰有锡，还有樊和缨，二者均以五彩毛织品缠绕十二圈作为装饰，车上竖着太常旗，旗上缀有十二根飘带，用以祭祀。二是金路，马身上的装饰有钩，还有樊和缨，二者均以五彩毛织品缠绕九圈作为装饰，车上竖着大旂，旂上缀有九根飘带，用以会见宾客，用以赏赐同姓诸侯。三是象路，马身上的装饰有朱勒，还有樊和缨，二者均以五彩毛织品缠绕七圈作为装饰，车上竖着大赤旗，旗上缀有七根飘带，用以每天视朝，用以赏赐异姓诸侯。四是革路，马身上的装饰，有以白黑二色皮革做成的马络头，还有樊和缨，二者均以五彩丝绳缠绕五圈作为装饰，车上竖着太白旗，旗上缀有五根飘带，用以打仗，用以赏赐子男之国。五是木路，马身上的装饰，有以浅黑色皮子装饰的樊和以白色皮子装饰的缨，二者均以五彩丝绳缠绕四圈作为装饰，车上竖着大麾旗，旗上缀有四根飘带，用以畋猎，用以赏赐蕃国的诸侯。

王后的五路是：一是重翟，作为装饰物，马的面部有锡，还有朱色的丝带装饰车马，二是厌翟，作为装饰物，马的面部有勒，还有画有图纹的丝带装饰车马；三是安车，马的面部有雕刻的锡，还有青黑色的丝带装饰车马，车的上边都有盖，车的四周都有帷幕；四是翟车，作为装饰物，马的面部有贝壳装饰的笼头，还有丝带装饰车马，只有四周的帷幕，没有上边的盖子；五是辇车，备有拉车的丝带，有遮挡风尘的翣，有羽毛做的车盖。

天子的丧车有五种：一是木车，有用蒲席做成的蔽，用白犬皮做成的覆笭，用白犬皮尾部制成的盛放长兵器的兵器套，二者都以粗布镶边作为装饰，还有用白犬皮制成的盛放短兵器的兵器套，也都用粗布镶边；二是素车，有用苴麻布制成的蔽，用白犬皮制成的覆笭，还有用白犬皮制的成盛放短兵器的兵器套，二者都以素缯镶边为饰；三是藻车，有用苍色之缯做成的蔽，用夏季的鹿皮制成的覆笭，并以去毛的鹿皮镶边为饰；四是駹车，有用细苇席做成的蔽，用野兽果然的皮做成的覆笭，并以黑多赤少之色的皮子镶边为饰；五是漆车，有用漆席做成的蔽，用北方野狗皮做成的覆笭，并以赤多黑少的皮子镶边为饰。

为公家办事所乘的车辆有五种：孤乘坐车毂雕刻有隆起的装饰纹并有五彩丹漆画文的马车，卿乘坐有五彩丹漆画文装饰的马车，大夫乘坐用黑漆漆过车厢的马车，士乘坐未蒙皮革的黑漆马车，庶人乘坐有方形车厢可载运器物的马车。

无论是制作精细的车还是制作粗糙的车，只要不在上述规定的等级之内，其用途就不固定。

每到年终，要统计一下本年度派出去了多少公车，收回了多少公车，有多少是完好的，有多少是

损坏的，但用于天子赏赐的则不计在内；对于毁坏的车辆，要向乘坐者征收相当的赔偿费用并将此费用交给职币。天子去世，负责装饰遣车，然后就陈列起来，然后就让人举着送到墓地；到了出葬时，手执车盖，紧跟在柩车后面，并手举铭旌；到了墓地，呼叫开启墓门，陈列五路的副车。遇到小的丧事，负责提供载运灵柩的车以及柩车上的装饰。每年按时更换旧车，更换不堪继续使用的车，把更换下来的破车供给车人。大祭祀，摇动车铃，一方面警众，一方面与鸡人呼喊天明的叫声相呼应。

典　路

【原文】

典路掌王及后之五路，辨其名物，與其用説。若有大祭祀，則出路，贊駕説。大喪、大賓客亦如之。凡會同、軍旅、弔於四方，以路從。

【译文】

典路的职责是掌管天子的五路和王后的五路，辨别它们的名称颜色以及用时的套车和用过以后的卸车。若有大祭祀，就把天子乘的玉路拉出来，帮助驭者套车和卸车。如果遇到天子或王后去世，遇到设宴招待诸侯，也是这样。每逢会同、军旅、吊四方诸侯之丧，天子乘五路中的一路，其余四路则随行。

車　僕

【原文】

車僕掌戎路之萃，廣車之萃，闕車之萃，苹車之萃，輕車之萃。凡師共革車，各以其萃。會同亦如之。大喪廞革車。大射，共三乏。

【译文】

车仆的职责是掌管戎路的正车副车，广车的正车副车，阙车的正车副车，苹车的正车副车，轻车的正车副车。凡有军事行动，负责提供革车，每种革车的正车各自率领其副车。遇到会同，也是这样。遇到天子去世，负责陈列作为明器使用的革车。大射，为报靶者提供三个藏身用的乏。

司　常

【原文】

司常掌九旗之名物，各有屬，以待國事。日月爲常，交龍爲旂，通帛爲旜，雜帛爲物，熊虎爲旗，鳥隼爲旟，龜蛇爲旐，全羽爲旞，析羽爲旌。及國之大閲，贊司馬頒旗物：王建大常，諸侯建旂，孤卿建旜，大夫士建物，師都建旗，州里建旟，縣鄙建旐，道車載旞，斿車載旌。皆畫其象焉，官府各象其事，州里各象其名，家各象其號。凡祭祀，各建其旗。會同、賓客，亦

如之；置旌門。大喪，共銘旌，建廞車之旌；及葬，亦如之。凡軍事，建旌旗，及致民，置旗弊之。甸，亦如之。凡射，共獲旌。歲時共更旌。

【译文】

司常的职责是掌管九种旗子的名称及其所画图像，它们各有区别自己身份的标志，以备国事所需。画有日月的旗子叫做常，画有交龙的旗子叫做旂，縿旒颜色相同的旗子叫做旜，縿旒颜色不同的旗子叫做物，画有熊虎的旗子叫做旗，画有鸟隼的旗子叫做旟，画有龟蛇的旗子叫做旐，旗杆上以全羽为装饰的旗子叫做旞，旗杆上以析羽为装饰的旗子叫做旌。等到国家举行大规模的阅兵时，要协助大司马颁发画有物像的旗子：天子的车上竖立太常，诸侯的车上竖立旂，孤卿的车上竖立画有鸟隼的旜，大夫士的车上竖立画有鸟隼的物，军中将帅和采邑领主的车上竖立旗，六乡官吏的车上竖立旟，公邑官吏的车上竖立旐，道车上的旗杆以全羽为装饰，斿车上的旗杆以析羽为装饰。在旗的縿上都要写上表明身份的文字：是官府则写上各自的官府名称，是州里则写上各自的乡遂名称，是都家则写上各自的姓氏。凡祭祀，各自竖立自己应该竖立的旗子。遇到会同、招待宾客，也是这样。天子途中休息时，负责设置旌门。天子驾崩，负责提供铭旌，为用于陈列的遣车配置旌旗；到了出葬时也是这样。凡有军事行动，负责协助大司马建立旌旗；等到被征调的民众都到齐以后，就把所竖立的旌旗放倒。四时的畋猎，也是这样。凡有射箭比赛，负责提供报靶者所用的旌旗。每年按时供应需要更新的旌旗。

【原文】

都宗人

都宗人掌都祭祀之禮，凡都祭祀，致福於國。正都禮與其服。若有寇戎之事，則保羣神之壝。國有大故，則令禱、祠；既祭，反命於國。

【译文】

都宗人的职责是掌管都的祭祀之礼。凡是都有祭祀，都要致福于天子。负责监督并纠正都内违背礼法的现象以及人们穿的衣服、住的宫室、用的车旗是否符合规定。若有贼寇侵犯之事，则负责保护群神的坛域。国家发生了重大灾祸，要根据天子的命令举行祷祠，祷祠之后，要向天子汇报；正常的祭祀举行过以后，也要向天子汇报。

【原文】

家宗人

家宗人掌家祭祀之禮。凡祭祀致福。國有大故，則令禱、祠，反命。祭亦如之。掌家禮與其衣服、宮室、車旗之禁令。

【译文】

家宗人的职责是掌管大夫采地的祭祀之礼。凡有祭祀，都要致福于天子。国家发生了重大灾祸，则根据天子的命令举行祷祠，祷祠之后，要向天子汇报；正常的祭祀也是这样。掌管大

夫采地的礼法及其衣服、宫室、车旗的禁令。

神仕

【原文】

凡以神仕者，掌三辰之灋，以猶鬼、神、示之居，辨其名物。以冬日至，致天神、人鬼；以夏日，至致地示物鬽，以禬國之凶荒、民之札喪。

【译文】

凡是以装神弄鬼的高超本领做官者，掌管根据日月星辰在天上的布位，以图画人鬼、天神、地祇的居止，辨别其名称、特点。在冬至那天招致天神人鬼降临接受祭祀，在夏至那天招致地祇物魅降临接受祭祀，以消除国家的凶年饥岁、百姓的疫病死亡。

【原文】

夏官司馬第四

叙官

惟王建國，辨方正位，體國經野，設官分職，以爲民極。乃立夏官司馬，使帥其屬而掌邦政，以佐王平邦國。

政官之屬：大司馬，卿一人；小司馬，中大夫二人；軍司馬，下大夫四人；輿司馬，上士八人；行司馬，中士十有六人，旅下士三十有二人，府六人，史十有六人，胥三十有二人，徒三百有二十人。

凡制軍，萬有二千五百人爲軍，王六軍，大國三軍，次國二軍，小國一軍，軍將皆命卿；二千有五百人爲師，師帥皆中大夫；五百人爲旅，旅帥皆下大夫；百人爲卒，卒長皆上士；二十有五人爲兩，兩司馬皆中士；五人爲伍，伍皆有長。一軍則二府，六史，胥十人，徒百人。

司勳，上士二人，下士四人；府二人，史四人，胥二人，徒二十人。

馬質，中士二人；府一人，史二人，賈四人，徒八人。

量人，下士二人；府一人，史四人，徒八人。

小子，下士二人；史一人，徒八人。

羊人，下士二人；史一人，賈二人，徒八人。

司爟，下士二人；徒六人。

掌固，上士二人，下士八人；府二人，史四人，胥四人，徒四十人。

司險，中士二人，下士四人；史二人，徒四十人。

掌疆，中士八人；史四人，胥十有六人，徒百有六十人。

候人，上士六人，下士十有二人；史六人，徒百有二十人。

環人，下士六人；史二人，徒十有二人。

挈壺氏，下士六人；史二人，徒十有二人。

射人，下大夫二人，上士四人，下士八人，府二人；史四人，胥二人，徒二十人。

服不氏，下士一人；徒四人。

射鳥氏，下士一人；徒四人。

羅氏，下士一人；徒八人。

掌畜，下士二人；史二人，胥二人，徒二十人。

司士，下大夫二人，中士六人，下士十有二人；府二人，史四人，胥四人，徒四十人。

諸子，下大夫二人，中士四人；府二人，史二人，胥二人，徒二十人。

司右，上士二人，下士四人；府四人，史四人，胥八人，徒八十人。

虎賁氏，下大夫二人，中士十有二人；府二人，史八人，胥八十人，虎士八百人。

旅賁氏，中士二人，下士十有六人；史二人，徒八人。

節服氏，下士八人；徒四人。

方相氏，狂夫四人。

大僕，下大夫二人；小臣，上士四人；祭僕，中士六人；御僕，下士十有二人；府二人，史四人，胥二人，徒二十人。

隸僕，下士二人，府一人；史二人，胥四人，徒四十人。

弁師，下士二人；工四人，史二人，徒四人。

司甲，下大夫二人，中士八人；府四人，史八人，胥八人，徒八十人。

司兵，中士四人；府二人，史四人，胥二人，徒二十人。

司戈盾，下士二人；府一人，史二人，徒四人。

司弓矢，下大夫二人，中士八人；府四人，史八人，胥八人，徒八十人。

繕人，上士二人，下士四人；府一人，史二人，胥二人，徒二十人。

槀人，中士四人；府二人，史四人，胥二人，徒二十人。

戎右，中大夫二人，上士二人。

齊右，下大夫二人。

道右，上士二人。

大馭，中大夫二人。

戎僕，中大夫二人。

齊僕，下大夫二人。

道僕，上士十有二人。

田僕，上士十有二人。

馭夫，中士二十人，下士四十人。

校人，中大夫二人，上士四人，下士十有六人；府四人，史八人，胥八人，徒八十人。

趣馬，下士，皁一人；徒四人。

巫馬，下士二人；醫四人，府一人，史二人，賈二人，徒二十人。

牧師，下士四人；胥四人，徒四十人。

廋人，下士，閑二人；史二人，徒二十人。

圉師，乘一人，徒二人。圉人，良馬匹一人，駑馬麗一人。

職方氏，中大夫四人，下大夫八人，中士十有六人；府四人，史十有六人，胥十有六人，徒百有六十人。

土方氏，上士五人，下士十人；府二人，史五人，胥五人，徒五十人。

懷方氏，中士八人；府四人，史四人，胥四人，徒四十人。

合方氏，中士八人；府四人，史四人，胥四人，徒四十人。

訓方氏，中士四人；府四人，史四人，胥四人，徒四十人。

形方氏，中士四人；府四人，史四人，胥四人，徒四十人。

山師，中士二人，下士四人；府二人，史四人，胥四人，徒四十人。

川師，中士二人，下士四人；府二人，史四人，胥四人，徒四十人。

邍師，中士四人，下士八人；府四人，史八人，胥八人，徒八十人。

匡人，中士四人；史四人，徒八人。

撢人，中士四人；史四人，徒八人。

都司馬，每都上士二人，中士四人，下士八人；府二人，史八人，胥八人，徒八十人。

家司馬，各使其臣，以正於公司馬。

【译文】

（按：《夏官·叙官》的译文，大体上同于《天官·叙官》的译文。为节省篇幅，此略。）

【原文】

大司馬

大司馬之職，掌建邦國之九灋，以佐王平邦國。制畿封國，以正邦國；設儀辨位，以等邦國；進賢興功，以作邦國；建牧立監，以維邦

國；制軍詰禁，以糾邦國；施貢分職，以任邦國；簡稽鄉民，以用邦國；均守平則，以安邦國；比小事大，以和邦國。以九伐之灋正邦國。馮弱犯寡，則眚之；賊賢害民，則伐之；暴內陵外，則壇之；野荒民散，則削之；負固不服，則侵之；賊殺其親，則正之；放弒其君，則殘之；犯令陵政，則杜之；外內亂，鳥獸行，則滅之。

正月之吉，始和布政於邦國都鄙，乃縣政象之灋於象魏，使萬民觀政象，挾日而斂之。

乃以九畿之籍，施邦國之政職。方千里曰國畿，其外方五百里曰侯畿，又其外方五百里曰甸畿，又其外方五百里曰男畿，又其外方五百里曰采畿，又其外方五百里曰衛畿，又其外方五百里曰蠻畿，又其外方五百里曰夷畿，又其外方五百里曰鎮畿，又其外方五百里曰蕃畿。

凡令賦，以地與民制之。上地食者參之二，其民可用者家三人；中地食者半，其民可用者二家五人；下地食者參之一，其民可用者家二人。

中春，教振旅，司馬以旗致民，平列陳，如戰之陳。辨鼓、鐸、鐲、鐃之用：王執路鼓，諸侯執賁鼓，軍將執晉鼓，師帥執提，旅帥執鼙，卒長執鐃，兩司馬執鐸，公司馬執鐲。以教坐、作、進、退、疾、徐、疏數之節。遂以

蒐田，有司表貉，誓民；鼓，遂圍禁。火弊，獻禽以祭社。

中夏，教茇舍，如振旅之陳。羣吏撰車徒，讀書契，辨號名之用：帥以門名，縣鄙各以其名，家以號名，鄉以州名，野以邑名，百官各象其事，以辨軍之夜事。其他皆如振旅。遂以苗田，如蒐之灋。車弊，獻禽以享礿。

中秋，教治兵，如振旅之陳。辨旗物之用：王載大常，諸侯載旂，軍吏載旗，師都載旜，鄉家載物，郊野載旐，百官載旟，各書其事與其號焉。其他皆如振旅。遂以獮田，如蒐之灋，羅弊，致禽以祀祊。

中冬，教大閱。前期，羣吏戒衆庶修戰灋。虞人萊所田之野，爲表，百步則一，爲三表，又五十步爲一表。田之日，司馬建旗於後表之中，羣吏以旗物、鼓、鐸、鐲、鐃，各帥其民而致。質明弊旗，誅後至者。乃陳車徒如戰之陳，皆坐。羣吏聽誓於陳前，斬牲以左右徇陳，曰：「不用命者，斬之！」中軍以鼙令鼓，鼓人皆三鼓，司馬振鐸，羣吏作旗，車徒皆作。鼓行，鳴鐲，車徒皆行，及表乃止。三鼓，摝鐸，羣吏弊旗，車徒皆坐。又三鼓，振鐸，作旗，車徒皆作。鼓進，鳴鐲，車驟，徒趨，及表乃止，坐、作如初。乃鼓，車馳，徒走，及表乃止。鼓戒三闋，車三發，徒三刺。乃鼓退，鳴鐃，且卻，及表乃止，坐作如初。遂以狩田，以旌爲左右和之門，羣吏各帥其車徒

以叙和出，左右陳車徒，有司平之。旗居卒間以分地，前後有屯百步，有司巡其前後。險野，人爲主；易野，車爲主。既陳，乃設驅逆之車，有司表貉於陳前。中軍以鼙令鼓，鼓人皆三鼓，羣司馬振鐸，車徒皆作。遂鼓行，徒銜枚而進。大獸公之，小禽私之，獲者取左耳。及所弊，鼓皆駴，車徒皆譟。徒乃弊，致禽饁獸於郊；入獻禽以享烝。

及師，大合軍，以行禁令，以救無辜，伐有罪。若大師，則掌其戒令，涖大卜，帥執事涖釁主及軍器。及致，建大常，比軍衆，誅後至者。及戰，巡陳眡事而賞罰。若師有功，則左執律，右秉鉞以先，愷樂獻於社。若師不功，則厭而奉主車。王弔勞士、庶子，則相。

大役，與慮事，屬其植，受其要，以待攷而賞誅。大會同，則帥士、庶子，而掌其政令。若大射，則合諸侯之六耦。大祭祀、饗、食，羞牲、魚，授其祭。大喪，平士大夫；喪祭，奉詔馬牲。

【译文】

大司马的职责是掌管建立邦国的九法，以辅佐天子安定邦国。一是划定九畿之间、诸侯之间的封域，以明确邦国之间的边界；二是设立诸侯及群臣的礼仪，辨别其尊卑不同之朝位，以表明邦国君臣尊卑之等差；三是进献贤能与举荐功臣，以启发邦国的劝善乐业之心；四是任命管辖一州的州牧，建立统治一国的国君，以维持邦国；五是建立军队，穷究违禁，以匡正邦国；六是施加以应进之贡赋，授之以应尽之职守，以使邦国在能够承受的范围内负担；七是考校核查诸侯各乡民众的数目，以便在用得着时便于征召；八是按照爵位的尊卑平均诸侯的领土，公平其法则，以安定邦国；九是使大国亲小国，小国事大国，以使邦国和睦相处。以九伐之法来匡正违抗王命的诸侯：一是对于以强凌弱、以众欺寡者，就裁减其领土；二是对于杀戮贤臣、残害百姓者，就讨伐他；三是对于对内暴虐百姓、对外欺压邻国者，就幽禁其国君，另立贤者为君；四是对于田野荒芜、百姓离散者，就削减其领土；五是对于负隅顽抗、不服从王命者，就侵袭他；六是对于恣意杀害其无辜亲属者，就将他捉起来治罪；七是对于臣子竟敢将其国君驱逐或杀害者，就剪灭他；八是对于违抗王命、藐视国之政法者，就杜塞其与邻国的交通；九是对于在家庭内外恣行淫乱、行同禽兽者，就诛灭他。

每年的（周历）正月初一，开始向普天下的臣民宣布政典，其方法是把写有政典的木板悬挂到王宫大门的双阙之上，让万民观看，十天以后再把它收藏起来。

于是按照记载九畿礼数差别之书，授予邦国君臣所奉行的政治职事。以王城为中心的四面方千里的地方叫做国畿，国畿外方五百里的地方叫做侯畿，侯畿外方五百里的地方叫做甸畿，甸畿外方五百里的地方叫做男畿，男畿外方五百里的地方叫做采畿，采畿外方五百里的地方叫做卫畿，卫畿外方五百里的地方叫做蛮畿，蛮畿外方五百里的地方叫做夷畿，夷畿外方五百里的地

方叫做镇畿，镇畿外方五百里的地方叫做蕃畿。

凡令邦国出军赋，按照其土地之肥瘠、人口的多少来制定章程。如果上等土地每年可以耕种的占三分之二，可供役使的棒劳力每家三人；中等土地每年可以耕种的占二分之一，可供役使的棒劳力每两家五人；下等土地每年可以耕种的占三分之一，可供役使的棒劳力每家两人。

每年仲春，教民演习班师收兵的战法，司马竖起画有熊虎的招军旗，用以集合民众，等到民众到齐以后，整齐其行列，列成阵势，就像实战的阵势那样。教会民众辨别鼓、铎、镯、铙作为指挥信号的作用：天子亲自敲击自己兵车上的路鼓，诸侯亲自敲击自己兵车上的贲鼓，军将亲自敲击自己兵车上的晋鼓，师帅执掌提鼓，旅帅执掌鼙，卒长执掌铙，两司马执掌铎，公司马执掌镯。以教民练习坐下与起立、前进与后退、急速与缓慢、散开与密集的基本动作。接着就率领民众进行春季的畋猎，由有关官员在练兵场上竖起标杆，举行祃祭。由大司徒对民众进行畋猎须知的告诫，然后下令击鼓，开始围猎；等到焚烧野草的火势熄灭以后，就停止畋猎，然后把猎获的禽兽集中起来，选择其中的一部分用来祭祀社神。

每年仲夏，教民演习于野地芟除杂草就地宿营的夜战战法，排列的阵势就像春季演习振旅的阵势那样。阵势摆好以后，各级带兵长官计点其所统领的车上的甲士和车下的步兵，对照簿书核对兵甲器械，教会民众辨别各种徽识的用途：各级带兵长官身上所被的徽识如同其门旁所竖的旌旗，公邑领主身上所被的徽识上各自写着本公邑的名字，三等采地之臣身上所被的徽识上各自写着本采地的名字，六乡的各级官员身上所被的徽识上各自写着本州、本党、本族、本闾、本比的名字，六遂的各级官员身上所被的徽识上各自写着本邑的名字，百官身上所被的徽识上各自写着自己所掌之事，夜战中就凭借这些徽识来识别自己人，使内外不相混杂。其他方面都和春季的振旅一样。接着就率领民众进行夏季的畋猎，其做法和春季的畋猎一样，等到驱赶禽兽的车子停了下来，畋猎也就随着停止，然后把猎获的禽兽集中起来，选择其中的一部分用来祭享宗庙。

每年仲秋，教民演习出兵的战法，排列的阵势就像春季演习振旅的阵势那样。教会民众辨别各种旗子的作用：天子的车上竖着画有日月的太常，诸侯的车上竖着画有交龙的旂，六军将吏的车上竖着画有熊虎的旗，六军将帅和大都、小都领主的车上竖着画有熊虎的旜，六乡官员的车上竖着画有鸟隼的物，家邑之长的车上竖着画有熊虎的物，四郊之吏、六遂官员以及公邑大夫的车上竖着画有龟蛇的旐，百官的车上竖着画有鸟隼的旟，各自在自己的旗子上写上自己的职事与名号。其他方面都和春季的振旅一样。接着就率领民众进行秋季的畋猎，其做法和春季的畋猎一样，等到捕捉禽兽的网罗停止使用时，畋猎也就停止，然后把猎获的禽兽集中起来，选择其中的一部分用来祭祀四方之神。

每年仲冬，教民演习大阅。此前数日，乡师以下的各级地方官员要告诫民众做好演习大阅的各种准备工作。虞人芟除猎场的野草，开辟出一块可以布阵的空地，并在空地上竖起标杆，从

南往北，每一百步就竖一根，这样地竖起三根标杆之后，又在往北五十步的地方再竖起一根标杆。大阅那天，尚未天亮的时候，大司马命令司常在最后一根标杆与第二根标杆的正中间竖起招军大旗，乡师以下各级地方官员携带旗帜鼓铎镯铙，各自带领其所属民众到招军旗下报到。天亮以后，就命令司常收起招军旗，对于没有按时报到者，处以失期之罪。于是将兵车和步卒摆成阵势，就像实战的阵势那样，所有的人都坐下听候宣誓。各级带兵长官都在士卒之前、面向南方谛听宣誓，由小子斩杀牲畜，并以之走遍阵地每个角落，宣示于众，说：「凡是不听命令者，斩之。」宣誓完毕，主帅亲自击鼙以示意鼓人击鼓鼓舞士气，所有的鼓人就都击鼓三通，大司马首先摇动金铎，众多两司马也摇动金铎响应，各级带兵长官举起军旗，兵车准备启动，士卒一齐起立，军帅、师帅、旅帅纷纷击鼓命令前进，伍长敲响金镯以控制节奏，兵车和步卒都向前进，前进到第二根标杆才停止下来；于是鼓人又击鼓三通，大司马在摇动金铎时捂着铎的上部，各级带兵长官都把军旗收起，战车都停了下来，步卒都坐下。然后，鼓人又击鼓三通，大司马摇动金铎，各级带兵长官又扬起军旗，战车又做好启动准备，步卒全都起立，军帅、师帅、旅帅纷纷击鼓命令前进，伍长敲响金镯以控制节奏，这一次，兵车以更快的速度向前进，步卒以更快的步伐向前进，前进到第三根标杆才停止下来；然后，战车的停止和启动，步卒的坐下和起立，都和第一次前进时一样。于是鼓人又击鼓三通，这一次，战车风驰般地向前进，步卒跑步向前进，前进到最南面第四根标杆才停止下来。于是擂起三通作为攻击信号的战鼓，使鼓声不绝于耳，每鼓一通，每辆

兵车上的射手就向敌方发射一箭，每个步卒就向敌方猛刺一下，这样地连发三箭，连刺三下，表示已经将敌人制伏。于是主帅击鼓发出退兵的信号，而后卒长敲动铙以控制退却秩序，一直退到出发时的那根标杆为止，而在每一阶段的退军中，兵车的停止和启动、步卒的坐下和起立，都和前进时一样。接着就率领民众进行冬季的畋猎，以旌作为左右两个集团军的军门，各级带兵长官各自率领其兵车和步卒按照次序从军门鱼贯而出，一个集团军在左边摆好兵车和步卒的阵势，另一个集团军在右边摆好兵车和步卒的阵势，乡师坐在军门，负责纠正其出入的行列。卒与卒之间以旗帜划分地域，兵车与步卒各自屯驻，分为前后相距百步的两部，乡师负责巡查其阵列整齐与否。在险阻的地方布阵，步卒在前，兵车在后；在平坦的地方布阵，兵车在前，步卒在后。阵势布好以后，命令畋仆准备好驱赶和堵截禽兽的车，有关官员在阵前竖立标杆的地方举行祃祭。主帅亲自击鼙以示意鼓人击鼓鼓舞士气，所有的鼓人就都击鼓三通，大司马首先摇动金铎，众两司马随着也摇动金铎，兵车准备启动，士卒一齐起立；军帅、师帅、旅帅纷纷击鼓命令前进，步卒于是衔枚前进。猎获的禽兽，大的交给公家，小的可以取为己有。对于猎获的禽兽，要割取其左耳，以便计功。当前进到猎场的边缘时，鼓声敲得震天响，甲士和步卒也都齐声欢呼，这象征战斗取得了胜利。步卒于是停止畋猎，将猎获的禽兽集中起来，收兵的路上，首先用它们祭祀四郊的群神，回到城里还要用它们祭祀宗庙。

每逢天子巡守和会同，大司马就要集合六军随行，以推行禁令，以救助无辜，以讨伐有罪。

如果天子亲自率军出征，大司马则掌其戒令，要亲临大卜对出兵吉凶的占卜，要率领有关官员亲临以牲血涂抹迁庙神主、社神神主以及各种军器的仪式。等到乡师以下的各级地方官员率领其部下前来报到时，就竖起天子的太常旗，检点应到的官兵，斩杀那些迟到者。等到交战时，要巡视军阵，根据将士的作战表现来进行赏罚。如果出师有功，旗开得胜，则左手执律管，右手执大斧，威风凛凛地走在班师队伍的前面，下令奏起凯旋乐曲，向社神和宗庙报捷献功。如果出师无功，打了败仗，则头戴厌冠而护送载有迁庙神主的车、载有社神神主的车。当天子亲自去哭吊、慰劳随军死伤的士庶子时，则充当赞礼的人。

国家如有建筑城邑的大工程，就和要筹划工程的官员一道，分派每个单位应筑城墙的丈尺数，计算每个单位完成任务所需的人数，接受他们送来的工程进度统计表，以备考核他们干活的数量和质量，从而进行赏罚。大会同，则率领士庶子随从天子，掌管其政令。如果天子举行大射，则负责将射艺水平相近的诸侯两两配合而组成六耦。如果天子举行大祭祀、设宴招待来朝诸侯，则负责进献鱼俎，并且将鱼牲递给尸或宾客，以便他们进行食前之祭。遇到天子、王后或太子去世，负责纠察公卿大夫士所掌职事与尊卑位次。葬奠举行过以后，负责将葬奠上撤下来的马牲胫骨部分包好，恭敬地送到墓地，告于灵柩，然后藏入椁内棺旁。

小司馬

【原文】

小司馬之職掌……凡小祭祀、會同、饗射、師田、喪紀，掌其事，如大司馬之灋。

【译文】

小司马的职责是掌管……凡是小祭祀、小会同、小飨礼、小射礼、小师田、小丧纪，掌管其事，就如同大司马掌管大祭祀、大会同、大飨射、大师田、大丧纪那样。

軍司馬（闕）

【原文】

輿司馬（闕）

【原文】

行司馬（闕）

【原文】

司勳

司勳掌六鄉賞地之灋，以等其功。王功曰勳，國功曰功，民功曰庸，事功曰勞，治功曰力，戰功曰多。凡有功者，銘書於王之大常，祭於大烝，司勳詔之。大功，司勳藏其貳。掌賞地之政令。凡賞無常，輕重眂功。凡頒

賞地，參之一食。惟加田無國正。

【译文】

司勋的职责是掌管六乡中的赏地之法，按照功劳的大小，赏给不等的土地。辅佐建成王业的功劳叫做勋，保全国家的功劳叫做功，为百姓树立榜样的功劳叫做庸，以辛劳安定国家的功劳叫做劳，制定刑法使国家得到治理的功劳叫做力，战场立功叫做多。凡是有功之人，活着的时候将他的名字写在天子的太常旗上，死了以后配享孟冬的宗庙祭祀，司勋负责将其功劳告知有关官员以便他们措辞。建立大功的档案，正本藏于天府，司勋藏其副本。掌管赏地徭役赋税的征收。凡赏赐土地，没有一定之规，赏多赏少，看其功劳大小。凡是颁赐的赏地，其税收的三分之一交给国家，三分之二归受赏者所有，只有赏地之外又加赐的田地可以不向国家交税。

【原文】

馬質

馬質掌質馬，馬量三物：一曰戎馬，二曰田馬，三曰駑馬，皆有物賈。綱惡馬。凡受馬於有司者，書其齒毛與其賈。馬死，則旬之内更，旬之外入馬耳，以其物更，其外否。馬及行，則以任齊其行。若有馬訟，則聽之。禁原蠶者。

【译文】

马质的职责是掌管以公道的价钱为公家买马。买的马有三种：一是戎马，二是田马，三是驽马，都有不同的毛色和价钱。对于恶马，用大绳拴牢它，逐渐使其驯服。凡从马质这里领走马匹饲养者，马质要将马的牙口、毛色和价钱登记下来。如果马在十天之内死了，领养者就要按照原来的马的牙口、毛色、价钱买马赔偿；如果是在十天之外死的，领养者只需按照原来的马的毛色买马赔偿就行，牙口与价钱可以不论；如果是在二十天之外死的，就不要求领养者赔偿。如果要用领养的马驾车远行，就要根据马的能力合理使用。如果有因为马的交易而打官司的，则负责听断。禁止养育二蚕。

【原文】

量人

量人掌建國之灋，以分國爲九州，營國城郭，營后宫，量市朝、道巷、門渠。造都邑亦如之。營軍之壘舍，量其市朝、州涂、軍社之所里。邦國之地與天下之涂數，皆書而藏之。凡祭祀、饗賓，制其從獻脯燔之數量。掌喪祭、奠竁之俎實。凡宰祭，與鬱人受斝歷而皆飲之。

【译文】

量人的职责是掌管建立国家的固有法式，将天下的诸侯国分散为九州，丈量国都的内城和

外城，丈量王后居住的六宫，丈量王宫后面的市场和王宫前面的朝廷，丈量国都中的大道与小巷，丈量城郭、宫室、官府的门户与藩篱。建造都邑时也是这样。如果天子亲自率军出征，则负责丈量六军的军营壁垒和垒内房舍，丈量营垒中的市场与朝廷、环绕营垒的道路以及军社的地点和面积。各诸侯国的自然地理情况与普天下的干道支道的远近里数，统统记录在案而收藏起来。凡是祭祀和设宴招待宾客，负责按照规定的数量切割从献所用的脯燔。掌管大遣奠时所用而后又藏于墓穴的俎实。凡是冢宰辅佐天子祭祀或是代替天子祭祀，与郁人一道接受冢宰赐予的斝中之酒并把它饮干。

小子

【原文】

小子掌祭祀羞羊肆、羊殽、肉豆。而掌珥於社稷，祈於五祀。凡沈、辜、侯禳，飾其牲。釁邦器及其軍器。凡師、田，斬牲以左右徇陳。祭祀，贊羞，受徹焉。

【译文】

小子的职责是负责祭祀时进献分割为七体的大羊排骨、分割为二十一体的小羊排骨、盛在豆中的羊肉。社稷、五祀的坛壝落成时，掌管其衅礼。凡是用将牲币沉入水中的办法祭祀地祇或用肢解牲体的办法祭祀地祇、举行祈求福祥之祭和禳除灾祸之祭，负责洗刷所用的牺牲。邦器与军器刚刚造成，负责其衅礼。凡军旅、畋猎之事，在当众宣誓时，负责斩杀牲畜，并以之左右巡行宣示全军。祭祀，负责赞助进献祭品；祭毕，接受撤下来的俎豆。

羊人

【原文】

羊人掌羊牲。凡祭祀，飾羔。祭祀，割羊牲，登其首。凡祈珥，共其羊牲。賓客，共其灋羊。凡沈、辜、侯禳、釁、積，共其羊牲。若牧人無牲，則受布於司馬，使其賈買牲而共之。

【译文】

羊人的职责是掌管祭祀、招待宾客所需的羊牲。凡祭祀，负责把用做牺牲的羊羔刷洗干净。祭祀时，负责分割羊的牲体，将羊头升置于室内。凡举行衅礼，负责提供所需羊牲。招待宾客，负责供给按照礼数应该供给的羊。凡举行沈辜、侯禳、衅礼、积柴之祭，负责供给所需羊牲。如果牧人那里没有符合要求的羊牲，就从大司马那里领来钱，让手下的贾去采购羊牲而供给之。

司爟

【原文】

司爟掌行火之政令，四時變國火，以救時疾。季春出火，民咸從之；季秋內火，民亦如之。時則施火令。凡祭祀，則祭爟。凡國失火，野焚萊，

則有刑罰焉。

【译文】

司爟的职责是掌管用火的政令，随着四季的变换改变国中炊爨取火所用的树木，以免人们因感染时气而生病。季春，国家可以用火烧制陶器冶炼金属，老百姓也可以跟着这样做；季秋，国家禁止用火烧制陶器冶炼金属，老百姓也不例外。到了可以焚烧野草的时候，就下达可以用火的命令。凡祭祀，都要祭祀最先用火的人。凡是国中的官府民居失火，擅自放火焚烧野草者，则要受到刑罚。

掌固

【原文】

掌固掌修城郭、溝池、樹渠之固，頒其士庶子及其衆庶之守，設其飾器，分其財用，均其稍食。任其萬民，用其材器。凡守者受灋焉，以通守政。有移甲與其役財用，唯是得通，與國有司帥之，以贊其不足者。晝三巡之，夜亦如之。夜三鼜以號戒。若造都邑，則治其固，與其守灋。凡國都之竟，有溝樹之固，郊亦如之。民皆有職焉。若有山川，則因之。

【译文】

掌固的职责是掌管修筑城郭、沟池、屏障之类的险阻，向士庶子及普通百姓分派守卫险阻的任务。给守卫者配备带有装饰的盔甲武器，给他们分发守卫的财物，给他们调整薪金，按照百姓的承受力去使用他们，征用百姓修筑险阻的器材。凡是参加守卫的人员都要接受掌固颁发的守卫法规，以便全盘规划守卫事宜。有的地方守卫任务重而人员不足器材缺乏，掌固可以与司险、掌疆等官员一道率领其他地方多余的人员器材前去支援，除此之外，人员一概不得擅离岗位，器材一概不得擅自挪用。白天要三遍巡视守卫人员，夜间也是这样。夜间还要敲击三遍鼜鼓，以警戒夜间的守卫。如果初建都邑，就要负责其险阻的修筑，并将守卫险阻的法规授给他们。凡王国国都、三等都邑的边界都有沟池、屏障作为险阻，近郊远郊也是这样。城郭及险要之处的居民，都有承担修筑与守卫险阻的义务。如果境内有山川之险，就乘势利用之。

司險

【原文】

司險掌九州之圖，以周知其山林、川澤之阻，而達其道路。設國之五溝、五涂，而樹之林，以爲阻固，皆有守禁，而達其道路。國有故，則藩塞阻路而止行者，以其屬守之，唯有節者達之。

【译文】

司险的职责是掌管九州的地图，根据地图以全面了解九州的山林川泽的险阻，遇到山林则开道，遇到川泽则架桥，从而使道路畅通。利用田间的五种沟渠和五种道路，在沟旁路旁种上树

木，以为险阻，都有人守卫，从而使道路畅通。国家有了变故，就封闭道路，禁止通行，让部下把守着，只有持有通行证的人才可以通行。

【原文】

掌疆（闕）

【原文】

候人

候人各掌其方之道治與其禁令，以設候人。若有方治，則帥而致於朝；及歸，送之於竟。

【译文】

候人的职责是各自掌管其所辖方向边境道路的治理以及盘查行人的禁令，挑选士卒往来巡查。如果所辖方向的诸侯国遣使前来向天子请示或报告国事，就给他们带路，把他们领到朝廷；等到他们回国的时候，又把他们送到边境。

【原文】

環人

環人掌致師，察軍慝。環四方之故。巡邦國，搏諜賊，訟敵國，揚軍旅，降圍邑。

【译文】

环人的职责是掌管向敌军挑战，揭露自己队伍中的搞阴谋者，挫败四方敌人的侵略借口。巡视王畿，捉拿奸细和企图造反的人，孤身入敌营责备敌军的师出无名，显示我军的威武，接受被包围城邑的投降。

【原文】

挈壺氏

挈壺氏掌挈壺以令軍井，挈轡以令舍，挈畚以令糧。凡軍事，縣壺以序聚柝。凡喪，縣壺以代哭者。皆以水火守之，分以日夜。及冬，則以火爨鼎水而沸之，而沃之。

【译文】

挈壶氏的职责是掌管在有水井的地方悬挂水壶以向军中将士表示此处有井，在可以宿营的地方悬挂缰绳以表示此处可以宿营，在储藏粮食的地方悬挂畚箕以表示此处可以领粮造饭。凡有军事活动，负责悬挂壶漏计时以便使击柝巡夜的人轮流值班。凡有丧事，在大殓以前，悬挂壶漏计时，以便孝子们轮流而哭。准备好足够的水火守候着，分别出白天和黑夜。到了冬天，因为水要结冰，就用火先把鼎中的水烧开，然后再舀到壶漏中去。

【原文】

射人

射人掌國之三公、孤、卿、大夫之位，三公北面，孤東面，卿大夫西面。其摯，三公執璧，孤執皮帛，卿執羔，大夫執鴈。諸侯在朝，則皆北面。詔相其灋。若有國事，則掌其戒令，詔相其事。掌其治達。

以射灋治射儀：王以六耦，射三侯，三獲三容，樂以《騶虞》，九節五正。諸侯以四耦射二侯，二獲，二容，樂以《貍首》，七節，三正。孤、卿、大夫以三耦射一侯，一獲，一容，樂以《采蘋》，五節，二正。士以三耦，射豻侯，一獲，一容，樂以《采蘩》，五節，二正。若王大射，則以貍步，張三侯。王射，則令去侯，立於後，以矢行告，卒，令取矢。

祭侯，則爲位。與大史數射中。佐司馬治射正。祭祀，則贊射牲，相孤、卿、大夫之灋儀。會同，朝覲，作大夫介，凡有爵者。大師，令有爵者乘王之倅車。有大賓客，則作卿、大夫從，戒大史及大夫介。大喪，與僕人遷尸，作卿、大夫掌事，比其廬，不敬者，苛罰之。

【译文】

射人的职责是掌管国家三公、孤、卿、大夫初被任命时朝见天子的朝位：三公面向北，孤面向东，卿、大夫面向西。其见面礼：三公手执璧，孤手执皮帛，卿手执羊羔，大夫手执鹅。来朝诸侯在治朝的朝位，都是面向北。射人要辅导他们朝见的礼仪。如果天子有祭祀之事，就负责将斋戒与祭日通知他们，辅导他们助祭的礼仪。掌管将诸侯的奏章上达天子，将天子的命令下达诸侯。

按照射人的官法来演习大射之仪。天子的大射，将参赛的诸侯两两配合分成六组，射向三个靶子，安排三个报靶员，设置三个报靶员的隐身屏障，以《驺虞》作为伴奏乐曲，奏乐九节，射前正乐有五；诸侯的大射，将参赛的卿大夫两两配合分成四组，射向两个靶子，安排两个报靶员，设置两个报靶员的隐身屏障，以《狸首》作为伴奏乐曲，奏乐七节，射前正乐有三；孤卿大夫的大射，将参赛的下属两两配合分成三组，射向一个靶子，安排一个报靶员，设置一个报靶员的隐身屏障，以《采苹》作为伴奏乐曲，奏乐五节，射前正乐有二；士的大射，将参赛的下属两两配合分成三组，射箭的靶子用犴侯，安排一个报靶员，设置一个报靶员的隐身屏障，以《采蘩》作为伴奏乐曲，奏乐五节，射前的正乐有二。天子大射的前三天，以狸步来测量射程，张设三个靶子。天子射箭的时候，就命令服不氏离开靶子到隐身屏障后面去准备报靶，射人自己则立在天子身后注意观察，将天子射箭不中目标的原因及时相告，天子射毕，就令人取回射出的箭。

当服不氏即将祭祀箭靶时，指出服不氏接受献酒的位置。与太史一道计算射者射中靶子的筹码，辅佐大司马演习射礼的规矩。祭祀有射杀牺牲之礼，射人则帮助天子射杀牺牲，并指点孤

卿大夫在这种场合应行的礼数。会同朝觐，诸侯到来，天子派遣公卿前去慰劳、礼赐，射人则以王命选派有大夫以上爵位者作为上介随往。天子亲自率军出征，则令有大夫以上爵位者乘天子戎车的副车。有接待诸侯级别的宾客之事，就选派卿大夫随同天子前往，并告诫随行的太史以及作为介的大夫。天子驾崩，与大仆一道负责移动尸体，使卿大夫各司其职，检点倚庐中的人数，纠察他们是否遵守礼仪，发现有不严肃者，就予以呵斥处罚。

【原文】

服不氏

服不氏掌養猛獸而教擾之。凡祭祀共猛獸。賓客之事，則抗皮。射則贊張侯，以旌居乏而待獲。

【译文】

服不氏的职责是掌管饲养猛兽而调教之、驯服之。凡祭祀，提供能做成美味的猛兽。宾客前来朝聘，其所献猛兽之皮，由服不氏从地上拾起来加以收藏。天子举行射箭比赛，负责帮助射人张设箭靶，手持小旗隐蔽到乏的后面准备举旗报分。

【原文】

射鳥氏

射鳥氏掌射鳥。祭祀，以弓矢敺烏鳶。凡賓客、會同、軍旅，亦如之。射則取矢；矢在侯高，則以並夾取之。

【译文】

射鸟氏的职责是掌管射鸟。祭祀时，以弓矢驱赶乌鸦和老鹰。凡宾客、会同、军旅，也是这样。天子举行射箭比赛，负责将天子射到箭靶上的箭取回，如果箭在靶子的上部高处，手够不着，就用钳箭的夹子把它取下来。

【原文】

羅氏

羅氏掌羅烏鳥。蜡，則作羅襦。中春羅春鳥，獻鳩以養國老，行羽物。

【译文】

罗氏的职责是掌管用罗网捕捉乌鸟。每年十二月的蜡祭，就可以使用细密的罗网捕鸟。每年的仲春二月，要用罗网捕捉春鸟，进献鸠鸟以供招待国老的宴会使用，向群臣颁赐飞鸟。

【原文】

掌畜

掌畜掌養鳥，而阜蕃教擾之。祭祀共卵鳥。歲時貢鳥物，共膳獻之鳥。

【译文】

掌畜的职责是掌管养鸟，使其繁殖，加以调教，使其驯服。祭祀时，供给能够下蛋的鸟。每年按时进献候鸟，供给可以制作庶馐的鸟。

【原文】

司士

司士掌羣臣之版，以治其政令。歲登下其損益之數，辨其年歲與其貴賤，周知邦國、都家、縣鄙之數，卿、大夫、士庶子之數，以詔王治：以德詔爵，以功詔禄，以能詔事，以久奠食。

正朝儀之位，辨其貴賤之等。王南鄉，三公北面東上，孤東面北上，卿、大夫西面北上；王族故士、虎士在路門之右，南面東上；大僕、大右、大僕從者在路門之左，南面西上。司士擯：孤卿特揖，大夫以其等旅揖，士旁三揖，王還揖門左，揖門右。大僕前。王入，内朝皆退。

掌國中之士治，凡其戒令。掌擯士者，膳其摯。凡祭祀，掌士之戒令，詔相其灋事；及賜爵，呼昭穆而進之。帥其屬而割牲，羞俎豆。凡會同，作士從；賓客亦如之。作士適四方使，爲介。大喪，作士掌事，作六軍之士執披。凡士之有守者，令哭無去守。國有故，則致士而頒其守。凡邦國，

三歲則稽士任，而進退其爵禄。

【译文】

司士的职责是掌管群臣的版籍，以实施有关群臣的政教戒令。每年按时将群臣中新任命的、因功晋级的和病故退休的、因过降级的进行登录或注销，辨别他们的年龄大小和爵位高低，全面掌握邦国、都家、县鄙的卿大夫与士庶子的人数，从而向天子提出升迁降免的建议。按照德行提出授予爵位的建议，按照功劳提出授予俸禄的建议，按照能力提出授予差事的建议，表明能够胜任而后确定其报酬。

负责整饬治朝的朝位，辨别朝位的贵贱差别。天子当宁而立，面向南；三公站在治朝的南面，面向北，以东边为上位；卿大夫站在治朝的东面，面向西，以北边为上位；王族故士、虎士站在路门的右侧，面向南，以东边为上位；太仆、司右、太仆的属官站在路门的左侧，面向南，以西边为上位。司士导引天子向来朝的群臣作揖行礼：对于孤卿，逐个地一一作揖；对于大夫，按照其所属等级向他们总地作揖；对于士，不管其人数多少，只是向他们所站的那一面总地作三个揖即可；然后略微扭脸向后，向站在路门左侧的大夫士作揖，向站在路门右侧的大夫士作揖。太仆从路门左侧的本位走到天子跟前，察看天子视朝之位是否站好；视朝完毕，天子退入路门，治朝的百官也都退回各自的办公处。

掌管对王城内所有士的治理，以及一切有关士的戒令。掌管把新被任命为士的人引见给天

子，将他们拿的见面礼送到膳夫那里。凡祭祀，掌管士的戒令，指点他们在礼仪上应注意的事情；等到天子向同族的子孙辈赐酒时，司士负责按照他们的辈分呼喊他们上前。负责率领其下属分割牲体，进献俎豆。凡有会同之事，负责选派士随同天子前往；如果天子有招待宾客之事，也是这样。选派士作为天子专使出访四方，如果大夫出使，则选派士作为随从。天子驾崩，使士各司其职，选派六军之士执披。凡是有职守的士，命令他们，可以哭泣，但不能因此而擅离职守和影响工作。如果国家发生了兵灾，就把士召集起来，给他们分配任务。所有各诸侯国，每三年都要考核一次士的履行职责情况，从而决定他们的爵位俸禄是升还是降。

【原文】

諸子

諸子掌國子之倅，掌其戒令，與其教治，辨其等，正其位。國有大事，則帥國子而致於大子，惟所用之。若有兵甲之事，則授之車甲，合其卒伍，置其有司，以軍灋治之。司馬弗正。凡國正，弗及。大祭祀，正六牲之體。凡樂事，正舞位，授舞器。大喪，正羣子之服位。會同、賓客，作羣子從。凡國之政事，國子存遊倅，使之修德學道。春合諸學，秋合諸射，以攷其藝而進退之。

【译文】

诸子的职责是掌管由国子组成的特种部队，掌管有关国子的戒令与修养品德学习道艺之事，辨别其贵贱等级，正定其在朝廷所立之位。国有大事，则率领国子到太子那里报到，太子想怎样指挥就怎样指挥。如果有战斗之事，就发给他们兵车盔甲，编成军队，配备各级军官，按照军法进行管理。因为他们直属于太子，大司马就不再对他们进行征调。举凡国家的力役之征，一概豁免。大祭祀，负责用匕将牲体从鼎中捞出来并规规矩矩地放到俎上。凡有跳舞之事，负责安排好每个舞者所在的舞列舞位，向每个舞者分发舞器。天子、王后或太子去世，负责安排好群子应穿的孝服和哭丧的位置。有会同、宾客之事，则选派群子随同天子前往。举凡国家的平常政事，因其与国子无关，就把国子单独编成部队，使他们修养品德，学习道艺。春天把他们集合在大学，学习诗书礼乐；秋天把他们集合在射宫，学习射箭，考查他们的成绩，以决定晋升还是斥退。

【原文】

司右

司右掌羣右之政令。凡軍旅、會同，合其車之卒伍，而比其乘，屬其右。凡國之勇力之士能用五兵者屬焉，掌其政令。

【译文】

司右的职责是掌管管理众多车右的政令。凡是出兵征伐和会同，则集合戎车，编成车队，为每辆戎车配备车右。凡是国内的勇敢有力之士，只要他能够使用五种兵器作战，就将他吸收为车右的候补队员，掌管对他们的管理。

【原文】

虎賁氏

虎賁氏掌先後王而趨以卒伍。軍旅、會同亦如之。舍則守王閑。王在國，則守王宮。國有大故，則守王門；大喪亦如之。及葬，從遣車而哭。適四方使，則從士大夫。若道路不通，有徵事，則奉書以使於四方。

【译文】

虎贲氏的职责是天子出外时，掌管率领手下的虎士在天子的车前车后列队趋走护卫。天子率军出征、与诸侯会同时也是这样。天子在途中宿营，则负责守卫行宫门前的栅栏。天子在都城之内，则负责在王宫周围站岗守卫。国家发生了重大变故，则负责守卫王宫之门；天子驾崩时也是这样。到了出葬时，跟在遣车的后面哭泣。天子派遣士大夫出使四方，则作为士大夫的随从。如果道路不通而又有紧急征调兵员民工之事，就带着征调公文出使四方。

【原文】

旅賁氏

旅賁氏掌執戈盾夾王車而趨，左八人，右八人，車止則持輪。凡祭祀、會同、賓客，則服而趨。喪紀，則衰葛執戈盾。軍旅，則介而趨。

【译文】

旅贲氏的职责是掌管手执戈盾在天子所乘车的两旁奔走护卫，左边八个人，右边八个人，车停则站立在车轮的两旁。凡祭祀、会同、宾客，则身穿斋服在天子乘车的两旁奔走护卫。天子或王后去世，则身穿斩衰葛绖、手执戈盾夹卫新天子所乘之车。天子率军出征时，则身披铠甲在天子所乘车的两旁奔走护卫。

【原文】

節服氏

節服氏掌祭祀、朝覲衮冕，六人維王之大常。諸侯則四人，其服亦如之。郊祀裘冕，二人執戈，送逆尸從車。

【译文】

节服氏的职责是掌管天子参加祭祀、朝觐时所穿的衮冕，由六个人捧着天子大常旂的十二根飘带，不使曳地。诸侯祭祀、朝觐时，则用四个人捧着旂的飘带，不使曳地，其服装也由节服氏

经管。掌管天子南郊祀天时所穿的裘冕，由两个人执戈，跟在迎尸送尸的车子后面。

【原文】

方相氏

方相氏掌蒙熊皮，黄金四目，玄衣朱裳，執戈揚盾，帥百隷而時難，以索室毆疫。大喪，先匶；及墓，入壙，以戈擊四隅，毆方良。

【译文】

方相氏的职责是头蒙熊皮，脸上戴着以黄金铸为四目的假面具，上身穿着玄色之衣，下身穿着朱色之裳，一只手执着戈，另一只手举着盾，率领众多在官府服役的贱民四时驱除疫鬼，搜索室内各个角落以驱逐疫鬼。遇到天子、王后或太子去世，出葬时，方相氏要走在柩车的前面。到了墓地，要跳进墓穴里，用戈猛击墓穴的四个角落，驱走魍魉。

【原文】

大僕

大僕掌正王之服位，出入王之大命。掌諸侯之復逆。王眡朝，則前正位而退；入亦如之。建路鼓於大寢之門外，而掌其政，以待達窮者與遽令。聞鼓聲，則速逆御僕與御庶子。祭祀、賓客、喪紀，正王之服位，詔灋儀，贊王牲事。王出入，則自左馭而前驅。凡軍旅、田役，贊王鼓。救日月亦如之。大喪，始崩，戒鼓傳達於四方，窆亦如之。縣喪首服之灋於宫門。掌三公、孤、卿之弔勞。王燕飲，則相其灋。王射，則贊弓矢。王眡燕朝，則正位，掌擯相。王不眡朝，則辭於三公及孤、卿。

【译文】

大仆的职责是掌管留心天子一举一动应当穿什么戴什么以及站在什么地方才对，负责将天子的教令传达下去，并将群臣奉行天子教令的奏章接受上来。掌管接受诸侯的报告请示。天子视朝，则上前观察天子是否站在正确的位置，然后退就本位；天子退入路寝办公时也是这样。在天子路寝的门外建立一面路鼓，平时，掌管什么时候应该敲，应该敲几下。非常情况下，利用此鼓将穷而无告击鼓喊冤者的冤情与经由驿站传递上来的紧急军事文书禀报天子。一听到击鼓的声音，太仆就要迅速地迎着在鼓旁值班的御仆和御庶子走上前去，听他们细诉击鼓的原委，然后禀告天子。每逢祭祀、宾客、丧祭之事，也要留心天子在这些场合的穿戴是否合乎规矩、行礼的位置是否正确，提醒天子应该注意的大大小小的礼节，帮助天子做一些处理牲体之事。天子为了一些大事而出入宫门、国门，小臣太仆就应亲自驾驶着天子的副车作为前导，而且是站在左边的驾驶位置上。凡是天子亲自率军征伐、畋猎，天子亲自击鼓时，太仆要击鼓响应。救日食、救月食时也是这样。天子去世，刚一驾崩，太仆要擂响警众之鼓，用鼓声将天子的死讯传达到四方；到了下葬时也是这样。负责将丧冠的规格写成告示悬挂在宫门前面。掌管奉王命前

往三公孤卿之家吊丧和慰劳。天子与群臣燕饮，则负责赞礼。天子射箭，则负责将弓矢递给天子和从天子手中接过弓矢。天子临燕朝与臣下议事，则负责检视天子的朝位是否有误，充当傧相。如果天子不视朝，则负责向等候的三公和孤卿讲明原因。

【原文】

小臣

小臣掌王之小命，詔相王之小灋儀。掌三公及孤卿之復逆，正王之燕服位。王之燕出入，則前驅。大祭祀、朝覲，沃王盥。小祭祀、賓客、饗食、賓射，掌事如大僕之灋。掌士大夫之弔勞。凡大事，佐大僕。

【译文】

小臣的职责是掌管将天子对小事的命令传达下去，并将群臣奉行此命令的奏章接受上来，指点天子在礼仪的细节上应注意的事项。掌管接受三公以及孤卿给天子的报告请示，留心天子在休闲时的穿戴是否合乎规矩、站或坐的位置是否正确。天子在休闲时出入宫门、国门，小臣就应驾驶天子的副车作为前导。大祭祀、大朝觐，负责为天子倒水洗手。小祭祀、小宾客、小飨食、小宾射，掌管的事情就如同太仆在大祭祀、大宾客、大飨食、大宾射中所做的那样。掌管奉王命前往士大夫之家吊丧或慰劳。凡大的礼仪，做太仆的助手。

【原文】

祭僕

祭僕掌受命於王以眂祭祀，而警戒祭祀有司，糾百官之戒具。既祭，帥羣有司而反命；以王命勞之，誅其不敬者。大喪，復於小廟。凡祭祀，王之所不與，則賜之禽。都家亦如之。凡祭祀致福者，展而受之。

【译文】

祭仆的职责是掌管奉天子之命视察祭祀，告诫在祭祀中承担任务的官员，使其恪尽职守，纠察百官应当提供牲物是否合乎要求。祭过以后，率领参与祭祀的众多官员向天子汇报；以天子的名义向他们表示慰劳，处分其中的不严肃者。天子去世，负责到四亲庙中去招魂。凡祭祀，如果是畿外同姓诸侯而立有先王之庙的，天子不可能亲自参加，那就由祭仆赐给他们牺牲，对于都家的祭祀也是这样。凡群臣祭祀，祭毕将余肉进献天子者，祭仆则负责打开验看一下并接受下来。

【原文】

御僕

御僕掌羣吏之逆及庶民之復，與其弔勞。大祭祀，相盥而登。大喪，持翣。掌王之燕令。以序守路鼓。

【译文】

御仆的职责是掌管接受大夫士写给天子的报告请示以及庶民的上书，掌管以天子的名义前往大夫士以及庶民之家进行吊丧或慰劳。大祭祀，帮助天子洗手和将牲体升之于俎。天子去世，负责在柩车周围举翣。掌管向外传达天子休闲时的命令。按照顺序值班守卫路鼓。

隸僕

【原文】

隸僕掌五寢之埽除糞灑之事。祭祀，修寢。王行，洗乘石。掌蹕宫中之事。大喪，復於小寢、大寢。

【译文】

隶仆的职责是掌管五寝的清理洒扫之事。祭祀之前，要把五寝好生打扫一番。天子乘车出行，负责清洗天子上车所登之石。宫中有事则负责清道，禁止行人来往。天子去世，负责到小寝、大寝去招魂。

弁師

【原文】

弁師掌王之五冕，皆玄冕，朱裏，延，紐，五采繅十有二就，皆五采玉十有二，玉笄，朱紘。諸侯之繅斿九就，瑉玉三采，其餘如王之事。繅斿皆就，玉瑱，玉笄。王之皮弁，會五采玉璂，象邸，玉笄。王之弁絰，弁而加環絰。諸侯及孤卿大夫之冕、韋弁、皮弁、弁絰，各以其等爲之，而掌其禁令。

【译文】

弁师的职责是掌管天子的五冕，五冕都是用玄色的布作表，用纁色的布作里，另外还有延，有纽，冕的前端都垂挂着五彩丝绳十二条，而每条五彩丝绳上都穿有五彩玉十二颗，还都有一根固冠的玉笄，一条朱色的帽带。诸侯所戴的冕，其前端垂挂着的五彩丝绳是九条，每条丝绳上所穿的玉是瑉玉，而且只有三种颜色，除此之外都和天子的冕一样。五等诸侯之冕，凡丝绳皆一斿而备彩一就，另外还有玉瑱、玉笄。天子的皮弁，上面有十二道针脚，每道针脚上都缀有五彩玉，皮弁下部的冠圈以象牙做成，也有固冠的玉笄。天子的弁绖，是在爵弁上面再绕上一圈麻绳就成了。诸侯及孤卿大夫所戴的冕、韦弁、皮弁、弁绖，分别按照其爵位的高低制成，弁师掌管这方面的禁令，禁止攀比僭越。

司甲（闕）

【原文】

司兵

【原文】

司兵掌五兵、五盾，各辨其物與其等，以待軍事。及授兵，從司馬之灋

以頒之；及其受兵輸，亦如之；及其用兵，亦如之。祭祀，授舞者兵。大喪，廞五兵。軍事，建車之五兵。會同亦如之。

【译文】

司兵的职责是掌管五种兵器、五种盾牌，辨别每一种的名称及其制造质量上的差别，以备军事所需。到了给士卒发放兵器时，按照大司马的法令来向他们颁发；等到班师接受有关官员归还兵器时，也是这样；等到向警卫人员发放兵器时，也是这样。祭祀时，向舞者分发作为舞具使用的兵器。天子、王后或太子去世，陈列作为明器使用的五种兵器。如有军事行动，就为每辆兵车配备五种兵器；会同时也是这样。

【原文】

司戈盾

司戈盾掌戈盾之物而頒之。祭祀，授旅賁殳、故士戈盾；授舞者兵亦如之。軍旅、會同，授貳車戈盾，建乘車之戈盾，授旅賁及虎士戈盾。及舍，設藩盾，行則斂之。

【译文】

司戈盾的职责是掌管戈盾之类兵器，并在需要时发放。祭祀时，发给旅贲氏殳，发给王族故士戈盾；发给舞者作为舞具使用的兵器时也是这样。有军旅、会同之事，向革路、金路副车的车右发放戈盾，为天子所乘之车配备戈盾，向护卫天子的旅贲氏及虎士分发戈盾。等到天子宿营时，负责设置大盾作为屏藩，开拔时则将大盾收敛起来。

【原文】

司弓矢

司弓矢掌六弓、四弩、八矢之灋，辨其名物，而掌其守藏與其出入。中春獻弓弩，中秋獻矢箙。及其頒之：王弓、弧弓，以授射甲革、椹質者；夾弓、庾弓，以授射豻侯、鳥獸者；唐弓、大弓以授學射者、使者、勞者。其矢箙皆從其弓。凡弩，夾、庾利攻守，唐、大利車戰、野戰。凡矢，枉矢、絜矢利火射，用諸守城、車戰；殺矢、鍭矢，用諸近射、田獵；矰矢、茀矢用諸弋射；恆矢、庳矢用諸散射。天子之弓合九而成規，諸侯合七而成規，大夫合五而成規，士合三而成規，句者謂之弊弓。凡祭祀，共射牲之弓矢。澤，共射椹質之弓矢。大射、燕射共弓矢如數、並夾。大喪，共明弓矢。凡師役、會同，頒弓弩各以其物，從授兵甲之儀。田弋，充籠箙矢，共矰矢。凡亡矢者，弗用則更。

【译文】

司弓矢的职责是掌管六种弓、四种弩、八种矢的制造法式，辨别其名称和种类，平时掌管其

守藏，需要时掌管其发放与收回。每年仲春二月，向国家交纳做成的弓弩；每年仲秋八月，向国家交纳做成的箭和盛箭的皮袋。等到颁发弓矢时，遵循的原则是：王弓、弧弓，用来发给试图射穿革甲和砧板的人；夹弓、庾弓，用来发给射犴侯和鸟兽的人；唐弓、大弓，用来发给学习射箭的人、出使的人、辛劳王事的人。箭和箭袋的颁发，都按照弓的数量一道颁发。四种弩中，夹弩、庾弩，适合用来攻城和防守，唐弩、大弩，适合用来车战和野战。八种矢中：枉矢、絜矢，利于发射燃烧物，用于守城和车战；杀矢、鍭矢，用于近射和畋猎；矰矢、茀矢，用于发射系有绳子的箭来射飞鸟；恒矢、庳矢，用于礼射和习射。天子的弓，九张弓合起来成为一个圆；诸侯的弓，七张弓合起来成为一个圆；大夫的弓，五张弓合起来成为一个圆；士的弓，三张弓合起来成为一个圆，由于其弧度太大，叫做恶弓。每逢祭祀，负责供给天子射杀牺牲的弓矢。泽宫习射，负责供给射砧板的弓矢。大射、燕射，负责按照射者的人数供给弓矢和钳箭的夹子。天子、王后或太子去世，负责供给作为明器使用的弓矢。凡有师役、会同之事，则负责颁发弓、弩、箭、箭袋等物，其做法就像颁发兵器和颁发铠甲那样。畋猎弋射，负责供给竹制的箭筒和皮制的箭袋，其中都装满了箭，还负责随时供给矰矢。对于箭的消耗，如果不是用到了攻守弋猎之类的正经地方，要赔偿。

缮人

【原文】

缮人掌王之用弓、弩、矢、箙、矰、弋、抉、拾。掌詔王射，贊王弓矢之事。凡乘車，充其籠箙，載其弓弩。既射，則斂之，無會計。

【译文】

缮人的职责是掌管提供天子所用的弓、弩、矢、箙、矰、弋、抉、拾。天子射时，掌管诏告礼仪，协助太仆把弓箭递到天子手里和从天子手里接过来。凡是天子乘车出行，负责将车上的箭袋装满箭，将弓弩装到车上。天子射罢，就将天子所用的弓矢收藏起来。天子所用的弓矢，无论消耗多少，概不统计。